图说 我们的价值观
国是家
善作魂
勤为本
俭养德
诚立身
孝当先
和为贵
1.20元
中国邮政
富强 民主 文明 和谐
中国梦 牛精神
自由 平等 公正 法治
中国 我的梦
爱国 敬业 诚信 友善

图书在版编目（CIP）数据

邮票图说我们的价值观 / 福建省集邮协会编. —北京 : 东方出版社, 2015.10

ISBN 978-7-5060-8696-7

Ⅰ. ①邮… Ⅱ. ①福… Ⅲ. ①邮票—中国—图集②社会主义建设—价值论—中国—通俗读物 Ⅳ. ①G894.1-642D616-49

中国版本图书馆CIP数据核字(2015)第253666号

邮票图说我们的价值观
YOUPIAO TUSHUO WOMEN DE JIAZHIGUAN

福 建 省 集 邮 协 会　编

责任编辑：杨英瑜
出　　版：东方出版社
发　　行：人民东方出版传媒有限公司
地　　址：北京市东城区朝阳门内大街166号
邮政编码：100706
电　　话：(010)65228880 65244790
印　　刷：福建省天一屏山印务有限公司
版　　次：2015年10月　第1版
印　　次：2015年10月　第1次印刷
开　　本：850mm × 1300mm　1/12
印　　张：19
书　　号：ISBN 978-7-5060-8696-7
定　　价：70.00元
发行电话：(010)64258117

邮票图说

我们的价值观

YOUPIAO TUSHUO WOMEN DE JIAZHIGUAN

◎福建省集邮协会 编

東方出版社

《邮票图说我们的价值观》
编写机构/Writing mechanism

编委会

顾　　问：张　萍　周贤胜　黄志斌

主　　任：黄建计

委　　员：蔡　忠　林　希　林炳权

宋晓文　李永杰

编写组

主　　编：宋晓文

副 主 编：林建国　陈卫东

撰稿人（以姓氏笔画为序）：

朱智强　刘进社　宋晓文

陈　澜　陈卫东　陈国成

陈建希　张声浪　林为众

林建国　林啸天

前言 /PREFACE

从党的十六届六中全会首次明确“建设社会主义核心价值体系”，到十八大提出培育和践行以“三个倡导”为基本内容的社会主义核心价值观，全党全社会凝聚价值共识，期盼共筑中华民族伟大复兴梦！

为了有效整合社会意识，塑造价值灵魂和精神支柱，充分发挥文化艺术品在舆论宣传中的影响力，我们精心组编了《邮票图说我们的价值观》，以期发挥邮品这一兼具多元性、历史性、艺术性品味的精神文化产品特性，诠释社会主义核心价值观的生动内涵、生机和魅力。

《邮票图说我们的价值观》将邮票、邮资信封、邮资明信片、邮资邮简及首日封、纪念封、实寄封片、邮折、邮卡等汇聚成册，以概述起篇，主体分国家篇、社会篇、公民篇三个篇章12个层面，集中展示了我国优秀传统文化及新中国成立和改革开放以来国家发展、社会建设和人民生活等方方面面焕发的勃勃生机。

在这一寸寸光与影、形与色的邮品中，凝结了中国共产党带领中国走向富强民主、文明和谐的信心和智慧，奏响了社会主义社会自由平等、公正法制的和谐韵章，焕发出中华儿女爱国敬业、诚信友善的昂扬风貌。

透过邮品，你将看到——社会主义核心价值观是“兴国之魂”，她凝结着全面建成小康社会、全面深化改革、全面依法治国、全面从严治党的无穷智慧。

透过邮品，你将看到——社会主义核心价值观是“发展之基”，她蕴涵着推动新型工业化、城镇化、信息化、农业现代化、绿色化发展的不懈力量。

透过邮品，你将看到——社会主义核心价值观是“精神之柱”，她集聚着中华儿女修身、齐家、治国平天下的修养与担当。

透过《邮票图说我们的价值观》，您一定能感受到——中国共产党带领中国人民实现“两个一百年”奋斗目标，圆中华民族伟大复兴中国梦的创世之举！

目录/CONTENTS

旗帜——社会主义意识形态的本质

QIZHI—SHEHUIZHUYI YISHIXINGTAI DE BENZHI

自中国共产党创立以来，就将社会主义意识形态建设视为党建之灵魂。

从新中国成立到改革开放再到“四个全面”战略布局，从探索建设社会主义核心价值体系到培育和践行社会主义核心价值观，中国共产党用实践进一步证明了社会主义核心价值观是社会主义意识形态的本质体现，是社会主义主流意识在形式、内容、载体等内涵上不断丰富和完善的结晶。

党的十八大提出“三个倡导”，短短二十四字，却字字珠玑，句句真言——

富强者，治国之本也；民主者，强国之本也；文明者，教国之本也；和谐者，兴国之本也。

自由者，社会之向也；平等者，社会之基也；公正者，社会之义也；法治者，社会之策也。

爱国者，公民之魂也；敬业者，公民之本也；诚信者，公民之基也；友善者，公民之德也。

这是党的十八大对社会主义核心价值观的最新概括。以“三个倡导”为基本内容的社会主义核心价值观，与中国特色社会主义发展要求相契合，与中华优秀传统文化和人类文明优秀成果相承接，是我们党凝聚全党全社会价值共识作出的重要论断。

理论之魂
LILUN ZHI HUN

社会主义核心价值观是马克思主义中国化的又一重大理论思想，其灵魂就是马克思主义指导思想。

《共产党宣言》：社会主义“每个人的自由发展是一切人的自由发展的条件” 纪51《共产党宣言发表110周年》

『发行背景』

《共产党宣言》是科学共产主义的第一部纲领文件，是共产主义者同盟委托马克思和恩格斯为1847年11月在伦敦召开的第二次代表大会起草的。《共产党宣言》于1848年法国2月革命前夕在伦敦用德文出版。《共产党宣言》是一部具有划时代意义的伟大著作。正如列宁所说：“这本书篇幅不多，价值却相当于多部巨著：它的精神至今还鼓舞着、推动着文明世界全体有组织的正在进行斗争的无产阶级。”

纪46《马克思诞生140周年纪念》　纪35《恩格斯诞生一三五周年纪念》

伟大导师马克思、恩格斯

列宁建立了第一个社会主义政权

J57《弗·伊·列宁诞辰110周年》

『发行背景』

弗·伊·列宁（1870—1924），列宁主义的创始人。1887年中学毕业后，进入喀山大学法律系学习，不久因积极参加学生革命活动而被逮捕、流放。一年后，他返回喀山，开始研究马克思和恩格斯的著作，并参加喀山马克思主义小组。1895年，把工人中间的马克思主义小组联合起来，组成“工人阶级解放斗争协会”，并开始研究俄国的经济情况，分析俄国社会各阶层，写了不少著作。他创立了政党（俄国社会民主工党布尔什维克派），领导了1905年俄国第一次革命，于1917年在俄国实现了十月社会主义革命。

理论之路
LI LUN ZHI LU

社会主义核心价值观的提出不是一蹴而就的，也不是一个人、一代人的成果，而是一代代共产党人实事求是、理论创新的集体结晶。

2009-25M《中华人民共和国成立60周年》

2008-28M《改革开放三十周年》

J86《中国共产党第十二次全国代表大会》

①②③

1. 新中国在成立初期就提出建设社会主义强大国家
2. 十一届三中全会是历史的转折，随后邓小平在南方谈话中提出共同富裕的价值诉求
3. 十二届六中全会通过精神文明建设指导方针

十六届六中全会，首次提出社会主义核心价值体系

《中国共产党第十六次全国代表大会》纪念封

改革开放总设计师—邓小平

1995BY-002《我们的总设计师》

理论之义
LILUN ZHI YI

社会主义核心价值观的内涵要义就是“三个倡导”，即“倡导富强、民主、文明、和谐，倡导自由、平等、公正、法治，倡导爱国、敬业、诚信、友善”。

国家层面
GUOJIACENGMIAN

社会主义核心价值观在国家层面的价值目标就是富强、民主、文明、和谐，即努力创造富强、民主、文明、和谐的社会主义现代化国家。

【富 强】

纪118《高举毛泽东思想伟大红旗为实现第三个五年计划而奋斗》

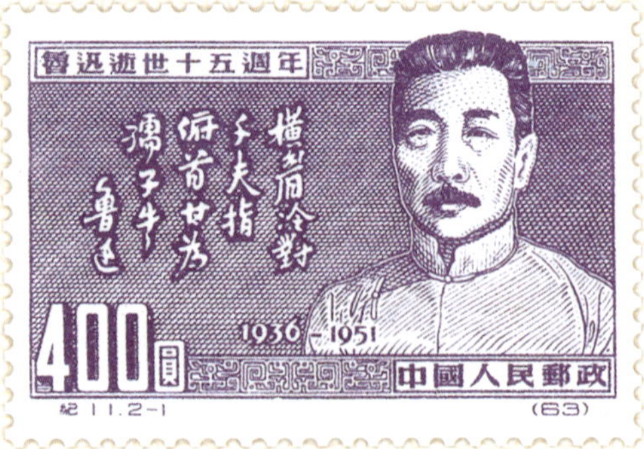

【民 主】

纪11《鲁迅逝世十五周年》

【文 明】

特13《努力完成第一个五年建设计划》

【和谐】

普31《中国鸟》小全张样票

社会层面
SHEHUICENGMIAN

社会主义核心价值观在社会层面的价值取向就是自由、平等、公正、法治，即努力构建自由、平等、公正、法治的社会主义社会。

【自 由】
J158《“五·四”运动七十周年》

【公 正】
纪30 《中华人民共和国宪法》

【平 等】
纪29《中华人民共和国第一届全国人民代表大会》

【法 治】
2012-31《现行宪法公布施行三十周年》

【爱 国】

纪71《中华人民共和国成立十周年》

【敬 业】

J131《教师节》

【友 善】

纪57《中国人民志愿军凯旋归国纪念》

公民层面

GONGMINCENGMIAN

社会主义核心价值观在公民层面的价值准则就是爱国、敬业、诚信、友善，即努力成为爱国、敬业、诚信、友善的社会主义公民。

【诚 信】

2012-16《国家博物馆》

2013-25《中国梦—国家富强》

(4-1)T　神舟飞船与天宫一号交会对接

(4-2)T　北斗卫星导航系统

(4-3)T　辽宁号航空母舰

(4-4)T　蛟龙号载人潜水器

02

标杆——国家层面的价值目标

BIAOGAN—GUOJIACENGMIAN DE JIAZHIMUBIAO

倡导富强、民主、文明、和谐，是从国家层面概括出社会主义核心价值观的价值目标。

在社会主义现代化建设时期，我们党追求的价值目标就是通过经济建设、政治建设、文化建设、社会建设和生态文明建设，实现全面建成小康社会和社会主义现代化。

为求国富民强，华夏先贤前仆后继地不断探索着，戊戌变法以立宪求自强，辛亥革命以三民主义求国富，直至中国共产党打土豪分田地、推翻“三座大山”，开创新中国，谋求富强路。

为求民主制度，国人浴血奋战，从对洪宪帝制的口诛笔伐到新文化运动的德赛启蒙再到毛泽东所率领的共产党人创建民主集中制、政协制度等，人民才得以当家做主。

为求文明建设，我们延续五千年文明薪火，九万里神州尊德守礼，人人讲文明，个个促新风，政治文明、经济文明、社会文明、军事文明、环保文明五位一体，共铸文明社会。

为求和谐安宁，国人以宽广心胸对人事，睦邻以友好方针促和谐，民族团结，万众一心，天下大同之势渐已形成。人以和谐立，事以和谐成，国以和谐盛，普天之下其乐融融。

富强、民主、文明、和谐，凝结了一百多年来治国理想与价值愿望，是国家治理体系现代化的价值诉求，契合中国人民寻求民族复兴的共同愿景，是一个凝聚力量、鼓舞人心、激发活力、振奋精神的价值目标。

富强之路
FUQIANG ZHI LU

富强即国富民强，是促进社会进步、人的自由全面发展的物质基础和制度保障，是社会主义核心价值观的首位要素。中国只有成为强国，才有实力和底气屹立于世界强国之林。

百年强国梦
BAINIAN QIANGGUOMENG

近代中国，西风美雨肆虐，国家危亡之际，仁人志士开始了强国之路的艰难探索。

《辛亥革命90周年》邮资明信片

师夷长技以制夷——林则徐

J115《林则徐诞生二百周年》

中国革命先行者——孙中山

J132《辛亥革命著名领导人》

星星燎原火

XINGXING LIAOYUANHUO

中国共产党高举民族伟大复兴的旗帜，强国富民的革命征程从此注入先进的新鲜血液。

2012-14《红色足迹》

J64《中国共产党成立六十周年》

2005-16《中国人民抗日战争暨世界反法西斯战争胜利六十周年》

南昌起义打响武装反抗国民党统治的第一枪，革命的星火燎原在中华大地，先后迎来了抗日战争、解放战争的全面胜利。

三大战役定乾坤，江山从此换新颜

《解放战争三大战役》纪念封

民族新篇章

MINZU XINPIANZHANG

中国共产党领导全国人民建立了独立自主的新中国，人民当家做主人，中国历史进入新纪元。

2004-23《中华人民共和国国旗国徽》

J46《中华人民共和国成立三十周年》

国徽重塑新形象，红旗升起新高度，国歌谱出新乐章

纪4《中华人民共和国开国纪念》

1949年10月1日，毛泽东在天安门城楼向全世界庄严宣告：中华人民共和国成立了

1959《中华人民共和国成立十周年》首日封

港口、公路、铁路等交通设施建设，缩短了距离，促进了交流，加快了发展的步伐

特8《经济建设》

特14《康藏、青藏公路》

特5《伟大的祖国—建设》

探索与建设

TANSUO YU JIANSHE

中国共产党领导全国人民不断探索国家富强之路，在基础设施、交通运输、能源开发、科学研究等方面都取得了巨大成就。

特5《伟大的祖国—建设》

特8《经济建设》

轻工业等民生建设，为国强民富提供养料

农业建设，是国强民富的保证

1959《中华人民共和国成立十周年》首日封

科研技术不断突破，增强国家软实力

2009《喜迎祖国六十华诞》邮资明信片

改革开放宏图展

GAIGEKAIFANG HONGTUZHAN

十一届三中全会全面吹响了改革开放的进军号，经济建设成为政治生活的中心，中国打开国门，与世界连通。

深圳经济特区

1994-20J《经济特区》

厦门经济特区

1994-20J《经济特区》

上海浦东外高桥保税区

1996-26T《上海浦东》

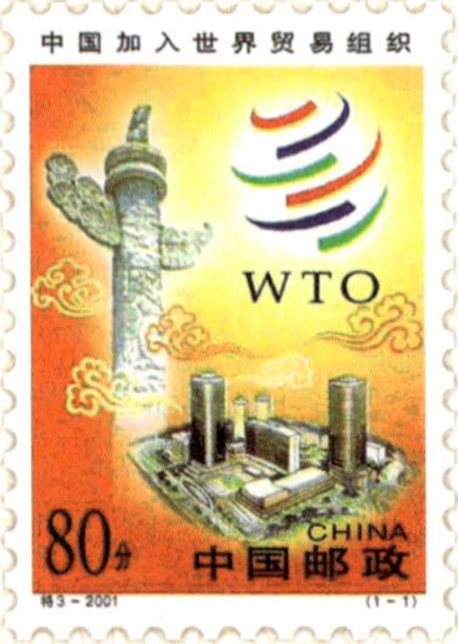

中国加入世贸组织

特3-2001《中国加入世界贸易组织》

经济开发区

2004-9《中国经济技术开发区二十周年》

1998《中国共产党十一届三中全会二十周年》首日封

中国（上海）自由贸易试验区

2014《中国(上海)自由贸易试验区成立一周年》邮资明信片

全力打造工业强国

1996-9T《中国飞机》

T128《社会主义建设成就》

1996-16T《中国汽车》

经济大跨越

JINGJI DAKUAYUE

近年来，我国经济平稳快速发展，综合国力不断提升，财政收入大幅增加，社会生产力与百姓生活都实现了大飞跃。

重视农业发展，提升粮食产量，保障农民利益

T39《人民公社五业兴旺》

2001-17小型张《二滩水电站》

2011-17《京沪高速铁路通车纪念》

T165《社会主义建设成就》

2011-27《中国远洋运输》

能源开发及交通网铺设助力我国进入高效能时代

畅游天与海

CHANGYOU TIANYUHAI

宇宙与深海从来都为人类所向往，中华民族将创新的基因发挥到航天、航海技术上，不断实现历史性的“第一次”，中华民族正插上科技的翅膀遨游天与海，所取得的成就令世界瞩目。

J52《中国科学技术协会第二次全国代表大会》

千年飞天梦成真

BLK003-S049《中国首次载人航天飞行成功》(澳门)

2003《中国首次载人航天飞行成功》(香港)

先进的航天技术将强国风范载入太空

2003-T5《中国首次载人航天飞行成功》

2007-T6《中国探月首飞成功》

2014-T9《中国首次落月成功纪念》

科学技术是第一生产力

中国气象技术蓬勃发展

2000-23T《气象成就》

30年间进行国内外卫星发射84次

《西昌卫星发射中心》纪念封

极地考察

2014-28《中国极地科学考察三十周年》

人类的感官延伸至深海

1999-16T《科技成果》

蛟龙号深水探测器

《蛟龙号》极限片

铸国防长城

ZHU GUOFANGCHANGCHENG

国家富强需要经济的支撑、科技的支持、百姓的拥护，更需要国防的巩固与军队的建设，国富则民富，国强则民安。

要建设一支强大的陆、海、空国防力量

2009-26《中华人民共和国成立60周年国庆首都阅兵》

三军风采

2007《中国人民解放军建军八十周年》极限片

军魂

J140《中国人民解放军建军六十周年》

外交新局面

WAIJIAO XINJUMIAN

我国高举和平、发展、合作、共赢的旗帜，坚持维护世界和平、促进共同发展的外交原则，继续增强综合国力，提升国际影响力与竞争力。

2004《和平共处五项原则创立50周年》邮资明信片

中国坚持在和平共处五项原则基础上发展同各国的友好合作

中国政府支持联合国，积极参与国际事务，发挥负责任大国作用

2008-9《海南博鳌》

2006-20《中非合作论坛北京峰会》

2014-26《亚太经合组织第二十二次领导人非正式会议》

1995-12《联合国成立50周年》

2006-26《中国—东盟建立对话关系15周年》

2008-27《第七届亚欧首脑会议》

实现和平统一

SHIXIAN HEPINGTONGYI

“一个中国”是不可撼动的基本国策与全民共识，实现祖国完全统一，是不可阻挡的历史进程，是国家富强的有力保证。

1997年7月1日，香港正式回归祖国怀抱

2004《和平共处五项原则创立50周年》邮资明信片

依法治港，港人治港

2007-17《香港回归祖国十周年》

1997-10《香港回归祖国》

驻港部队深受香港民众欢迎

《军用邮简》

1999年12月30日，澳门回归

1999-18《澳门回归祖国》

履行神圣职责，维护澳门稳定繁荣发展

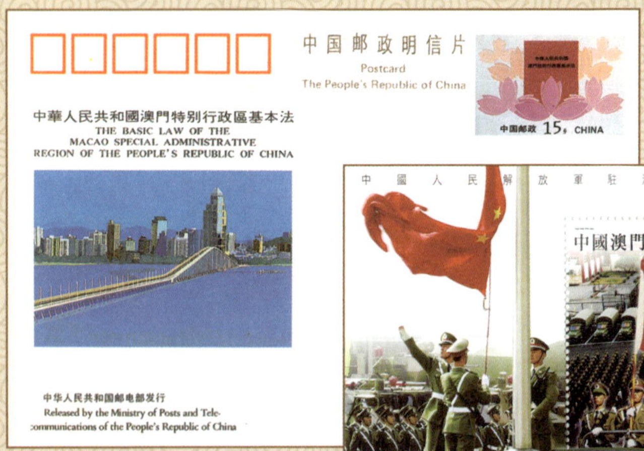

《中华人民共和国澳门特别行政区基本法》
邮资明信片

五星红旗在澳门广场升起

2009-30《澳门回归祖国十周年》

海峡两岸实现“三通”，为最终和平统一创造条件

2009《喜迎祖国六十华诞》邮资明信片

全面取消农业税，减轻农民负担

2006-10《全面取消农业税》

法治促民生

FAZHI CUMINSHENG

人民安居乐业是国家强盛的基石，是“人民当家作主”的反映；通过一系列政策法规的制定与实施，促进民生及社会进步。

医疗卫生、社会保障、住房保障、教育现代化，“四大金刚”为百姓生活保驾护航

编号邮票82《赤脚医生》

2015-15《中国梦—人民幸福》

J8《胜利完成第四个五年计划》

社会主义新农村欣欣向荣

2009《喜迎祖国六十华诞》邮资明信片

千秋家国梦
QIANQIU JIAGUOMENG

伟大的事业源于伟大的梦想，个人为生活造梦，国家为发展筑梦。中国梦，亦即国民梦，是国家与人民共同追求的强国梦。

全国各族人民团结起来建设中国

编号邮票12-20《庆祝中国共产党成立五十周年》

为中华崛起共创未来

1995-4《社会发展 共创未来》

2001-1《世纪交替 千年更始—迈入21世纪》

复兴中国梦

J105《中华人民共和国成立三十五周年》

实现国家富强、民族振兴，人民幸福的“中国梦”

2013-25M《中国梦—国家富强》

民主之光
MINZHU ZHI GUANG

民主是人类社会的美好诉求,是中国特色社会主义的本质要求。我们追求的民主是人民民主，其实质和核心是人民当家作主。它是中国特色社会主义的生命，是创造人民美好幸福生活的政治保障，也是实现国家富强、文明、和谐的制度保障。

民主新浪潮
MINZHU XINLANGCHAO

1915年，受新式教育的先锋学者们发起了一场“反传统、反孔教、反文言”的新文化运动，喊出“民主与科学”的新口号，为五四运动的爆发奠定了思想基础 。

五四运动揭开了新民主主义革命的序幕

《五四运动八十周年》邮资明信片

《蔡元培诞生一百二十周年》首日封

J164《李大钊同志诞生一百周年》

J67《鲁迅诞辰一百周年》

①
②③

1. 北大校长蔡元培，将民主、开放的学风带进新文化运动的主阵地
2. 李大钊将马克思主义与俄国革命的火种带到了中国
3. 鲁迅以笔锋刻出民族魂

共产党人的追求
GONGCHANDANGREN DE ZHUIQIU

新民主革命时期，中国共产党人为实现“人民当家做主”，不断地在党内与党外实践中尝试不同的民主形式，点亮一个又一个的红色星火。

士兵委员会(代表会议)让民主在军队树立

纪41《中国人民解放军建军三十周年》

在苏区建立苏维埃民主政权、实行基层选举

2012-14《红色足迹》

古田会议开启党内民主

2009-31《古田会议八十周年》

遵义会议

J107《遵义会议五十周年》

建立根据地，推行民主政权

纪88《中国共产党成立四十周年》

七届二中全会在西柏坡召开

2012-14《红色足迹》

在抗日根据地创立"三三制"政体形式

《推陈出新》邮政快件封

人民代表大会制度

RENMINDAIBIAODAHUI ZHIDU

人民代表大会制度是保证人民当家作主的根本政治制度。中华人民共和国的一切权力属于人民，全国及地方各级人民代表大会都由民主选举产生，对人民负责，受人民监督。

2004-20《人民代表大会成立五十周年》

纪30《中华人民共和国宪法》

2009《喜迎祖国六十华诞》邮资明信片

1954年，第一届全国人民代表大会举行，通过确立了第一部宪法及第一届党中央领导人

纪109《遵义会议三十周年》

1998-25《刘少奇同志诞生一百周年》

J134《朱德同志诞生一百周年》

1998《周恩来同志诞生一百周年》极限片

人民代表为人民

REN MIN DAI BIAO WEI REN MIN

一年一度的全国人民代表大会，是人民代表行使民主权利、反映民意、决定国家大事的盛会。

2007-17《香港回归祖国十周年》

J3《中国人民共和国成立二十五周年》

T4《大庆红旗》

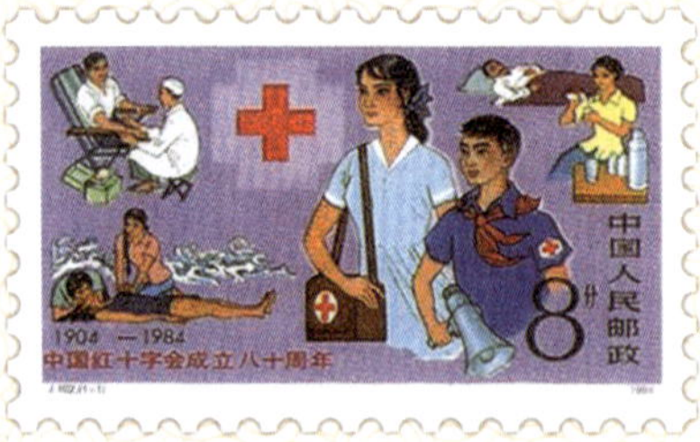

T18《工农兵上大学》

J102《中国红十字会成立八十周年》

人民代表来自各个行业、不同阶层，反映人民的意志

纪29《中华人民共和国第一届全国人民代表大会》

2004-20《人民代表大会成立五十周年》

人民代表大会实行少数服从多数的原则

1989《中华人民共和国第七届全国人民代表大会第二次会议》纪念封

人民民主统一战线

RENMINMINZHU TONGYIZHANXIAN

解放战争时期，为推翻国民党的独裁专制，中国共产党联合各民主党派和进步人士、团体，结成人民民主统一战线，共同为实现人民民主而奋斗。

各民主党派民主人士

1993-8《爱国民主人士(一)》

各民主党派民主人士

1994-2《爱国民主人士(二)》

中国人民政治协商会议

ZHONGGUORENMIN ZHENGZHIXIESHANGHUIYI

中国人民政治协商会议（简称人民政协）由中国共产党和各民主党派、无党派民主人士、各人民团体、各界爱国人士共同创立，是中国共产党领导的多党合作和政治协商的重要机构，是中国政治生活中发扬社会主义民主的一种重要形式。

1949年，中国人民政治协商会议成立

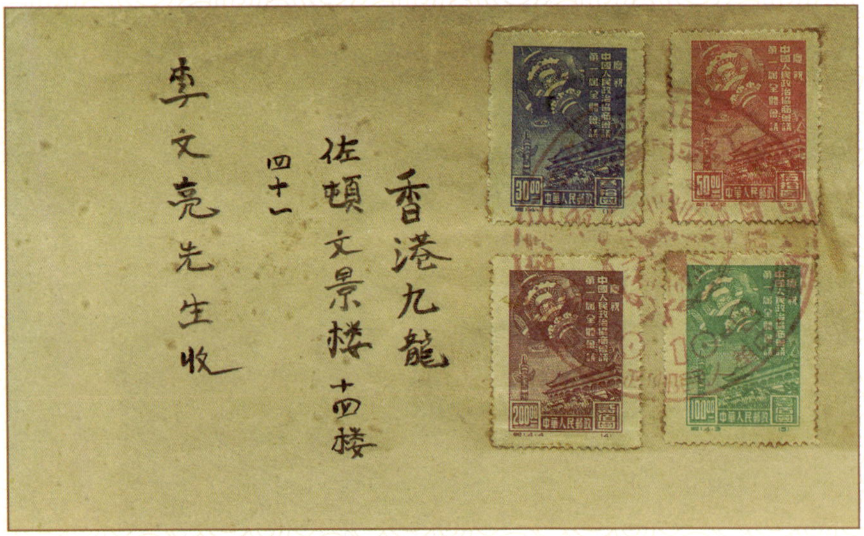

纪1《庆祝中国人民政治协商会议第一届全体会议》

团结与民主是人民政协的两大主题

2009-22《中国人民政治协商会议成立六十周年》

1999《中国人民政治协商会议成立50周年》首日封

多党合作制
DUODANG HEZUOZHI

中国共产党领导的多党合作制度是我国的一项基本政治制度，是具有中国特色的政党制度，中国共产党和各民主党派本着长期共存，互相监督，肝胆相照，荣辱与共的方针，亲密合作，共同参政议政。

坚持和完善同各民主党派的友好合作

《中国国民党革命委员会成立六十周年》邮资封

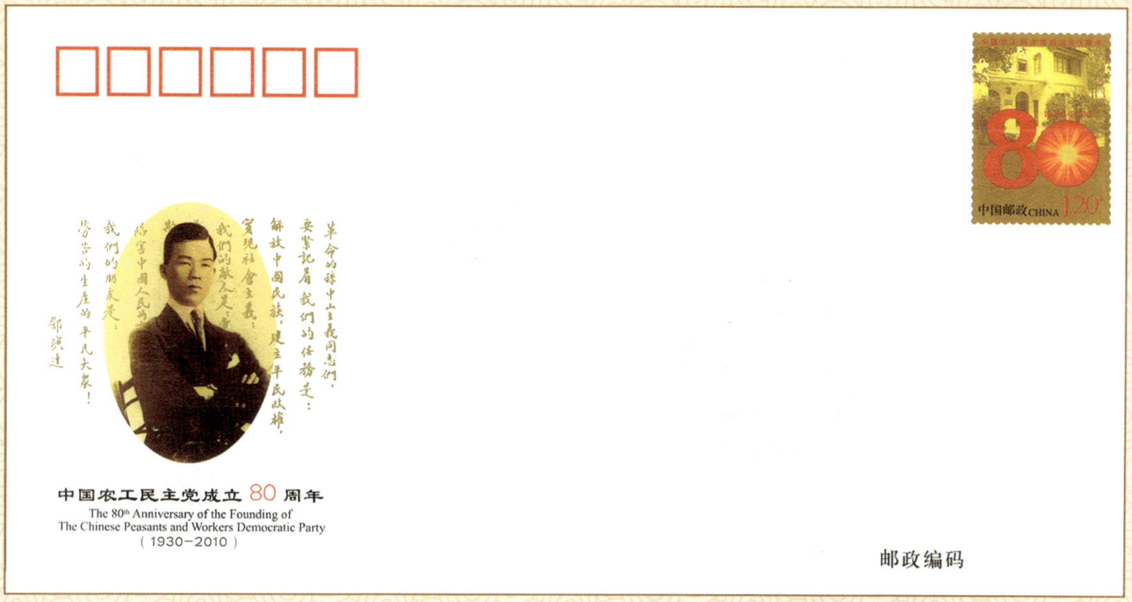

《中国农工民主党成立八十周年》邮资封

人民团体

RENMIN TUANTI

发扬社会主义民主，为参加人民政协的各人民团体进行政治协商、民主监督、参政议政开辟畅通的渠道。

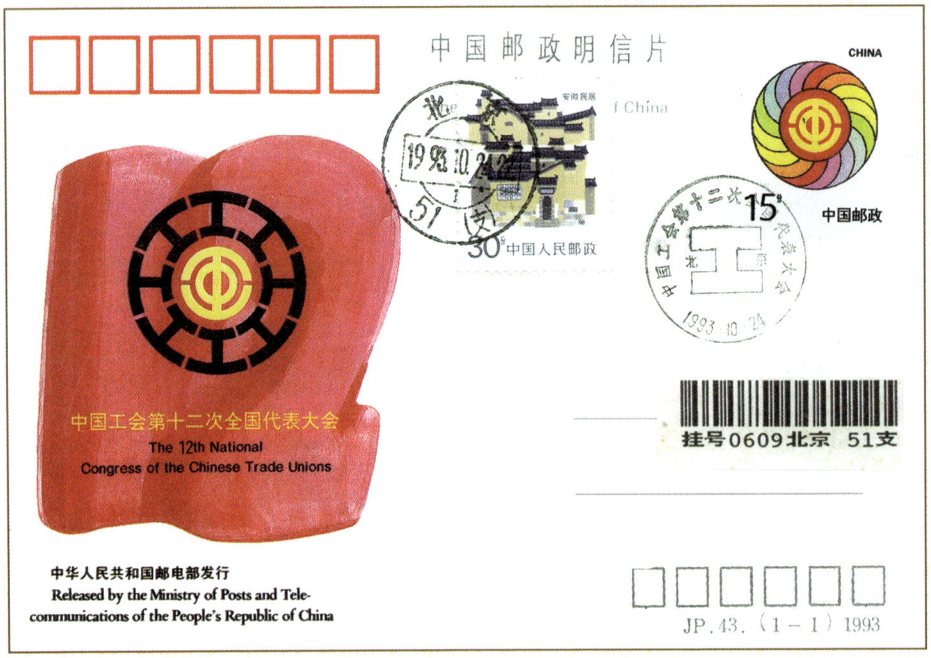

中华全国工商联合会、归国华侨联合会、妇女联合会等积极参政，共商国事

《中国工会第十二次全国代表大会》邮资明信片

2006-21《中华全国归国华侨联合会成立五十周年》

J95《中国妇女第五次全国代表大会》

人民团体参政议政，发扬社会主义民主

《中国共产主义青年团第十二次全国代表大会》邮资封

社会化民主

SHEHUIHUA MINZHU

党领导的社会主义国家，要时刻倾听社会声音，了解人民需求，保障群众利益，将民主深入到各行各业，为各界爱国人士开辟畅通的参政议政渠道。

《海南建省》极限片

2012-2《中国银行》

J25《全国科学大会》

J39《中国文学艺术工作者第四次代表大会》

特66《知识青年在农村》

2012-9《国际护士节一百周年》

1997-15《中华人民共和国第八届运动会》

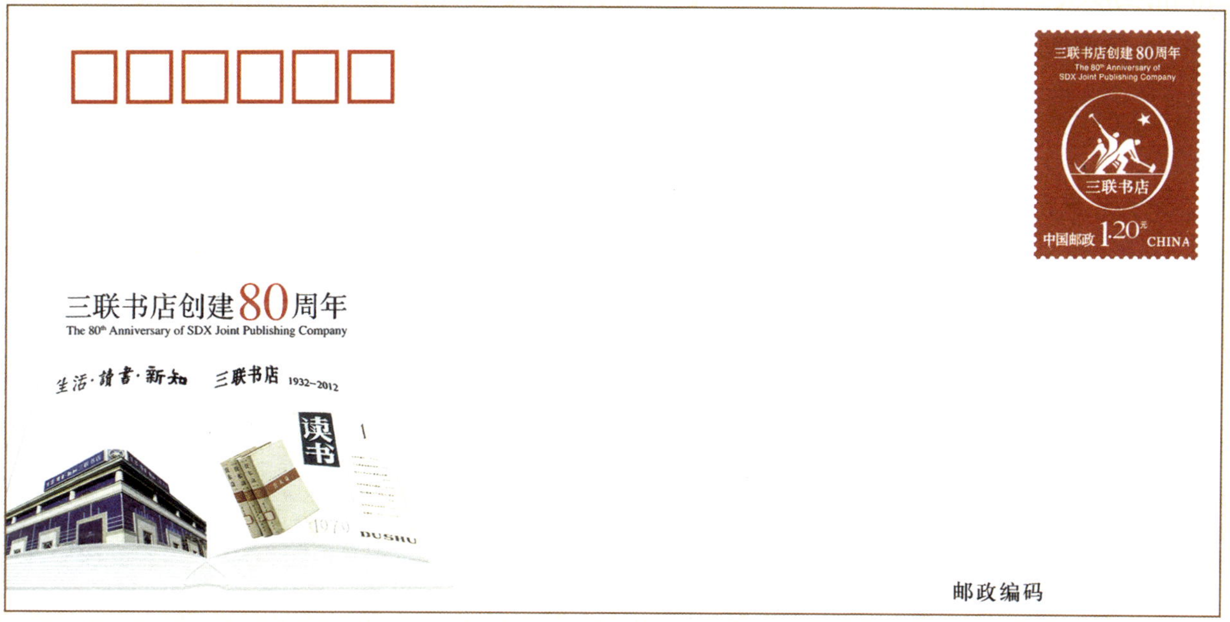

《三联书店创建八十周年》邮资封

1997-6《内蒙古自治区成立50周年》

J33《广西壮族自治区成立二十周年》

J29《宁夏回族自治区成立二十周年》

民族区域自治

MINZUQUYU ZIZHI

实行民族区域自治，充分体现了国家尊重和保障各少数民族管理本民族内部事务权利的精神，是少数民族当家作主、享受民主的先进形式。

1985《新疆维吾尔自治区成立三十周年》纪念封

2005《西藏自治区成立四十周年》极限片

文化自主权

WENHUA ZIZHUQUAN

少数民族地区的语言文字是民族文化的载体、民族情感的纽带，是中华大文化的一个重要组成部分，少数民族自治区享有自主使用和发展本民族语言文字的权利。

蒙 文

维吾尔文

藏 文

纪13《和平解放西藏》

东巴文

2002-9《丽江古城》

壮 文

2008-16《广西壮族自治区成立50周年》

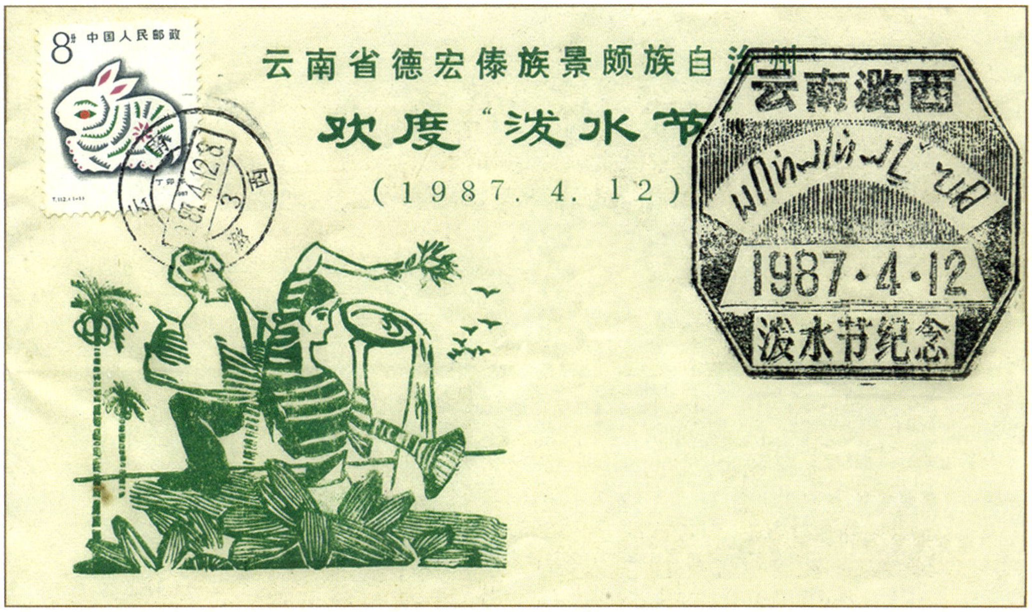

傣 文

《泼水节》纪念封

基层民主制度

JICENG MINZHUZHIDU

在城乡社区治理、基层公共事务和公益事业中实行群众自我管理、自我服务、自我教育、自我监督，是人民依法直接行使民主权利的重要方式。

T128《社会主义建设成就》(第一组)

T152《社会主义建设成就》(第三组)

T165《社会主义建设成就》(第四组)

T152《社会主义建设成就》(第三组)

各厂矿、企事业单位都成立了职工代表大会，保障职工参与管理和监督的民主权利

T118《今日农村》

T3《户县农民画》

1998《中国人民警察—警民联防》极限片

在城市建立居民委员会，在乡村建立村民委员会，健全基层群众自治机制

文明之美
WENMING ZHI MEI

文明即人类创造的物质财富和精神财富的总和，是人类文化发展的积极成果和进步状态，是社会进步和国家发展的重要标志，也是国家发展的目标和动力。建设文明国家，是中国共产党始终不变的价值诉求。

璀璨人文
CUICAN RENWEN

中国是世界上唯一一个文明传统未曾中断的古国，其五千年的文明长河不断涌现出一个个闪耀着华夏文明之光的神话传说和历史故事。

T120《中国古代神话》

1998-23M《炎帝陵》

从华夏始祖炎黄到夸父追日乃至精卫填海，无不泛着华夏文明的点点光辉

2014《〈鸿雁传书〉》极限片

2010-9《成语典故》

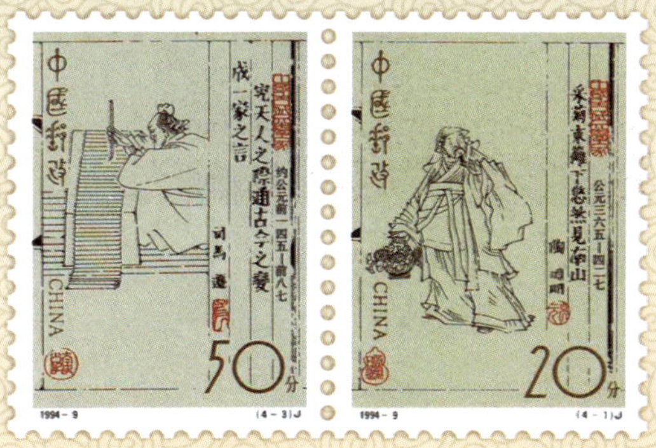

1994-9《中国古代文学家》

勾践卧薪尝胆、司马忍辱著史、陶潜甘于清贫、苏武杖节牧羊……每一个名字、每一段故事都堪称中华民族的文明典范

科技文明

KEJI WENMING

以四大发明代表的我国古代科技文明为人类文明作出了重大贡献；五千年文明史所创造的科技文明灿若群星，数不胜数……。

四大发明走出中国，影响全世界

特7《伟大的祖国——古代文明》

2002-18《中国古代科学家》(第四组)

J58《中国古代科学家》(第三组)

纪33《中国古代科学家》(第一组)

纪92《中国古代科学家》(第二组)

纪33M《中国古代科学家》(第一组)

①	②	③	④	⑤
⑥				

1. 战国时期中医学开山鼻祖扁鹊
2. 秦国李冰父子修建都江堰
3. 南朝祖冲之推算圆周率
4. 北宋沈括创制“十二气历”
5. 元朝郭守敬推算地球公转
6. 东汉张衡发明地动仪

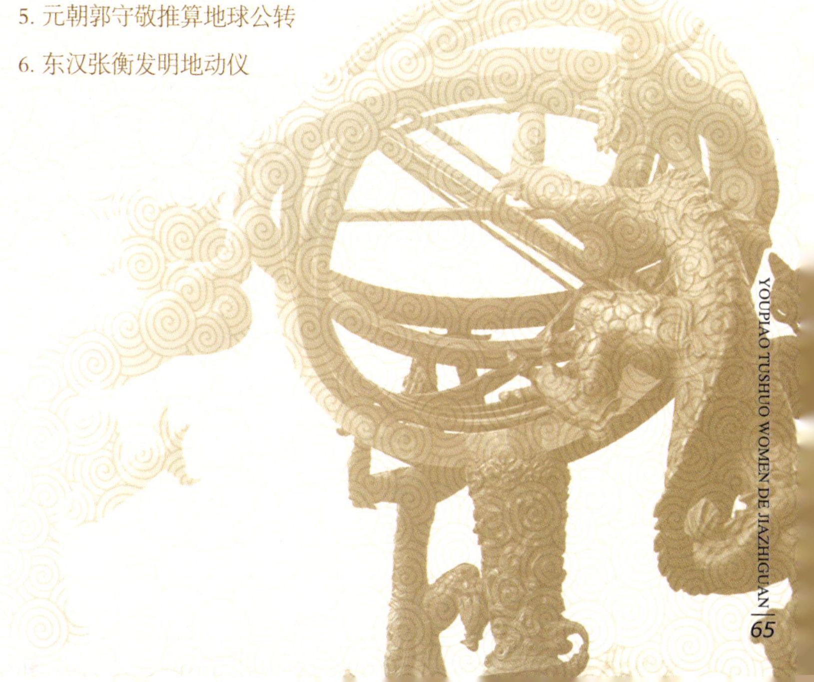

思想文明

SIXIANG WENMING

百花齐放，百家争鸣，春秋战国时期的诸子百家虽已遥不可及，但其宝贵思想却延续至今，历久弥新。

J162M《孔子诞生2540周年》

J162《孔子诞生2540周年》

孔子是儒家之创始人，主张仁者爱人，被后世尊为“至圣先师”

孟子、荀子继承光大孔子学说

2000-20《古代思想家》

老庄道家，主张道法自然、无为自化等

2000-20《古代思想家》

墨子所创墨家提倡兼爱、非攻等

2000-20《古代思想家》

南宋朱熹是儒家思想的后期代表，建造书院宣讲“程朱理学”

2010《朱熹诞生八百八十周年》极限片

传统文化
CHUANTONG WENHUA

文明与文化紧密相连。中华优秀传统文化积淀着中华民族最深沉的精神追求，包含着中华民族最根本的精神基因，代表着中华民族独特的精神标识，是中华民族生生不息、发展壮大的丰厚滋养。中华优秀传统文化成为涵养社会主义核心价值观的重要源泉。

T69M《红楼梦》

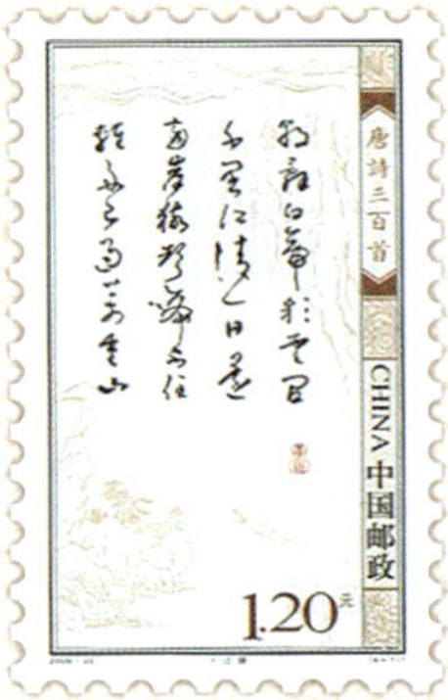

2009-20《唐诗三百首》

2003-3《中国古代书法—篆书》

诗词歌赋、古典文学

古代绘画

2015-5《挥扇仕女图》

2004-27《中国名亭》

1994-21《中国古塔》

2003-15《晋祠彩塑》

2012-28《中国陶瓷——德化窑瓷器》

古建筑艺术——古亭、古塔，古香古色

彩塑、瓷器，蜚声中外

敦煌壁画——飞天

1994《敦煌壁画（第五组）》极限片

先进文化
XIANJIN WENHUA

从继承传统文化到弘扬先进文化，必须坚持“文艺要为人民服务，为社会主义服务”的”方向，和“文艺要百家争鸣、百花齐放”的方针，发展高尚的丰富多彩的文化生活，建设高度的社会主义精神文明。

继承和弘扬毛泽东同志《在延安文艺座谈会上的讲话》精神

J18《在延安文艺座谈会上的讲话》

『发行背景』

《在延安文艺座谈会上的讲话》是毛泽东1942年5月在延安文艺界整风时发表的，分“引言”和“结论”两部分，现收在《毛泽东选集》第三卷中。这部著作总结了“五四”以来革命文艺发展的基本历史经验，联系延安和各抗日根据地文艺工作的实际状况，提出了“文艺为工农兵服务”作为无产阶级文艺发展的方向，发展了马克思主义的文艺理论。毛泽东的《讲话》在此后解放区文艺和中华人民共和国的文艺工作中成为了纲领性文件。延安文艺座谈会于1942年5月2日开始到5月23日结束。

《在延安文艺座谈会上的讲话》发表七十周年极限片

文艺要贴近实际、贴近生活、贴近群众，努力创造出人民群众喜闻乐见的文艺精品

《在延安文艺座谈会上的讲话》发表五十周年首日封

文艺贴近实际，团结人民，提升社会主义幸福感

J18《在延安文艺座谈会上的讲话》

J39《中国文学艺术工作者第四次代表大会》

纪81《中国文学艺术工作者第三次代表大会》

我国文化事业蓬勃发展

2009《喜迎祖国六十华诞》邮资明信片

文化下乡，服务群众

《中国唱片出版四十周年》邮资封

文化盛宴层出不穷

J142《中国艺术节》

2013-26《第十届中国艺术节》

百花齐放

BAIHUA QIFANG

放眼社会主义先进文化之花圃，电视、舞蹈、曲艺、绘画、摄影、音乐、电影、戏剧、灯彩、话剧、陶艺、年画、杂技等百花齐放，姹紫嫣红，分外妖娆。

2008-3《京剧净角》

2010-14《昆曲》

2014-14《黄梅戏》

梨园人生

2007-10《中国话剧诞生一百周年》

T142《摄影诞生一百五十年》

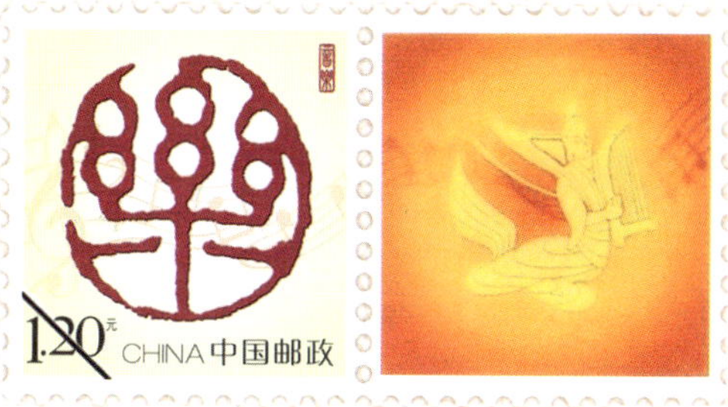

个20《音乐》个性化服务专用邮票

丰富的文化产品熏陶社会氛围，
制造感官盛宴

T154《中国电影》

2015-5《中国芭蕾—红色娘子军》

2011-18《中国曲艺》

艺术作品和工艺品琳琅满目

J60《联合国教科文组织中国绘画艺术展览纪念》

2006-3《民间灯彩》

2011-2《凤翔木版年画》

2007-3《石湾陶瓷》

文明风尚

WENMING FENGSHANG

礼仪、礼节、礼貌——公民个人的日常行为规范，是一个国家文明程度和道德风尚的反映。

弘扬传统美德，遵守文明规范

J56《提高健康水平，提倡戒烟》

J65《全国安全月》

2009-10《祝福祖国》

T14《新中国儿童》

爱学习，爱劳动，爱祖国，个人文明要从小抓起、从学校抓起

和谐之乐
HEXIE ZHI LE

和谐，是对立事物之间在一定条件下具体、动态、相对、辩证的统一，是不同事物之间相辅相成、互相合作、互利互惠、互促互补、共同发展的关系。追求和谐是中华民族的优秀传统，也是中国共产党执政兴国的一贯诉求。

和谐中国
HEXIE ZHONGGUO

“和为贵”是贯穿中华民族上下五千年的美好价值取向，构建社会主义和谐社会，就是创建一个国家富强、民族振兴、人民幸福的和谐中国。

家庭团圆和睦

《中秋节》极限片

国家繁荣发展

2014-22《中国梦—民族振兴》

人民安居乐业

2015-15《中国梦—人民幸福》

社会和谐安定

个17《和谐》个性化服务专用邮票

民族和谐

MINZU HEXIE

中国是一个有着56个民族的大家庭，积极发展平等、团结、互助、和谐的民族关系，构建牢固的中华民族命运共同体。

民族大和谐

J2《中国人民共和国成立二十五周年》

『创作思路』

“团结起来，争取更大胜利”——邮票主图由中华人民共和国国徽和全国各族人民群像构成，象征着中国人民决心团结一致，争取建设祖国的更大胜利。

载歌载舞，和谐共荣

J47《中华人民共和国成立三十周年(第四组)》

《国务院第二次全国民族团结进步表彰大会》纪念封

家庭和谐

JIATING HEXIE

国以家为基，家以和为贵，家和万事兴，国家社会的和谐繁荣，有赖于每个家庭的和谐圆满。

将每年5月15日定为“国际家庭日”，促进家庭和谐、幸福和进步

《国际家庭日》邮资封

2000-2M《合家欢乐》

团团圆圆，其乐融融

《过年的故事》贺年有奖明信片

生态和谐
SHENGTAI HEXIE

大自然是人类和各种动植物共同的家园，地球上的每一个生命都是大自然的无私馈赠，人与自然理应和谐相处、构建和谐生态。

林中展馆，凸显人与自然和谐
1999-4《昆明世界园艺博览会》

保护珍稀动物大熊猫
《中国四川成都'93国际熊猫节》邮资明信片

2000《候鸟》中国香港

《湿地》邮资明信片

地球之肺、百鸟乐园——湿地

2002《保护湿地》中国澳门

绿色家园

LVSE JIAYUAN

美丽的地球是我们的家，美丽的中国是我们的家，保护自然环境，建设秀美河山，构建绿色家园，既提高人们的幸福感，也让可持续发展不再只是一个梦想。

《武夷山》极限片

世界文化与自然遗产——武夷山

2000-2T《武夷山》

美丽小岛——鼓浪屿

2003-8M《鼓浪屿》

《鼓浪屿》邮资图极限片

侨胞团结

QIAOBAO TUANJIE

海外侨胞千千万，遍布开花全世界，团结起来一根绳，中华儿女本一家。

2011-20《海外中华情》

《世界华商大会》邮资明信片

《侨乡新貌》极限片

①	②	③	⑤
	④		

1. 海外华人社区——唐人街
2. 中华商会
3. 华人过春节
4. 世界华商大会
5. 福建著名侨乡——福清市

对外交流

DUIWAI JIAOLIU

坚持对外开放基本国策，既要发展对外经济技术合作，也要加深对外文化交流，播撒和谐之花，促进中外合作。

1985《亚太国际贸易博览会》

2006-24《中国出口商品交易会》

T6《中国出口商品交易会》

拓宽亚太国际贸易博览会、中国出口商品交易会等对外经济合作平台，加强经济合作

国际文化艺术交流的窗口与展示平台——北京国际美术双年

2005《中国北京国际美术双年》邮资明信片

孔子学院，传播中华文化

2012-30《孔子学院》

海外华文学校

2011-20《海外中华情》

和谐世界

HEXIE SHIJIE

和谐不仅是我们的社会属性，也是我们的国际期盼，从和谐中国到和谐世界，我们一直在努力。

坚守和平共处五项原则，走和平发展之路，是中国积极倡导处理国际关系的价值准则

J128《国际和平年》

1995-18《联合国第四次世界妇女大会》

2009《喜迎祖国六十华诞》邮资明信片

加深国际友谊，促进和平发展

J1《万国邮政联盟成立一百周年纪念》

编号邮票23~24《亚非乒乓球友好邀请赛》

《中非合作论坛》邮资封

2014-22《中国梦-民族振兴》

(4-1)J 政治文明

(4-2)J 经济发展

(4-3)J 文化繁荣

(4-4)J 民族团结

03

绳墨——社会层面的价值取向

SHENGMO—SHEHUICENGMIAN DE JIAZHI QUXIANG

倡导自由、平等、公正、法治，是从社会集体层面来体现社会主义核心价值观的价值取向。

自由是社会发展的源头活水。从孔子的“从心所欲不逾矩”到庄子的“逍遥游”，直至梁启超的“人人于法律内享有自由，法律之下人人平等”，无不体现了国人从古至今对自由的理解和追求。

平等是社会前行的稳定基石。从孙中山的“平均地权”“五族共和”到我们党“打土豪分田地”“三三制原则”、社会主义公有制、人民代表大会制度，平等在一代代华夏儿女的努力下成为现实。

公正是社会进步的阳光雨露。公可谓大同，正可谓中庸。正所谓“治国之道，唯公方衡；理政之要，唯正始平”，积极构建公正合理的城乡教育体系、医疗保障体系、分配制度、养老制度，才能促使社会互亲互爱、共生共荣。

法治是社会安宁的可靠屏障。古今中外，未闻有以人治而长存百年者，但闻有以法治而笑傲江湖者。民知法则守法，守法则社会宁；官知法则守法，守法则社稷安。

自由、平等、公正、法治，短短八字，却言简意赅地深刻揭示了社会主义核心价值观在社会层面的价值取向，也是我们在建设社会主义现代化进程中必须紧密遵循的一个有机整体。

自由之颂
ZIYOU ZHI SONG

自由，其内涵不仅包括政治权利和自由，也包括人人都有自我发展、自我实现的权利和机会，是一种积极的实质自由。实现人的自由而全面发展，是社会主义的最高价值目标，也是社会主义自由的核心。

自由之爱
ZIYOU ZHI AI

无论是精彩感人的神话传说，还是缠绵悱恻的民间故事，古人对自由的向往大多寄托于文学作品中的爱情自由。

《民间传说——董永与七仙女》极限片

2010-20《民间传说—牛郎织女》

2003-20《民间传说—梁山伯与祝英台》

董永夫妻天地隔，牛郎织女鹊桥会，梁祝恩爱化蝶飞，万般自由为爱情

T82M《西厢记》

T141《当代美术作品(一)》

T87《京剧旦角》

T99M《中国古典文学名著—牡丹亭》

《西厢记》《凤求凰》《牡丹亭》《白蛇传》……一部部脍炙人口的文学佳作，一声声爱情自由的呐喊

自由之战

ZIYOU ZHI ZHAN

辛亥革命推翻千年帝制，新文化运动打破封建束缚，“五四”运动彰显有为青年争取自由思想，中国共产党带领中国人民实现中华民族的伟大复兴。屈辱奋起反帝反封建，展开了争取民族独立和人民自由的英勇斗争。

J115《林则徐诞生二百周年》

① ② ③ ④ ⑤

1. 虎门硝烟
2. 五四运动揭开了新民主主义革命的序幕
3. 北京大学——新文化运动的中心
4. 辛亥革命，开启共和
5. 西藏江孜抗英斗争

J37《纪念“五·四”运动六十周年》

1998-11《北京大学建校一百年》

澳门2011《辛亥革命一百周年》

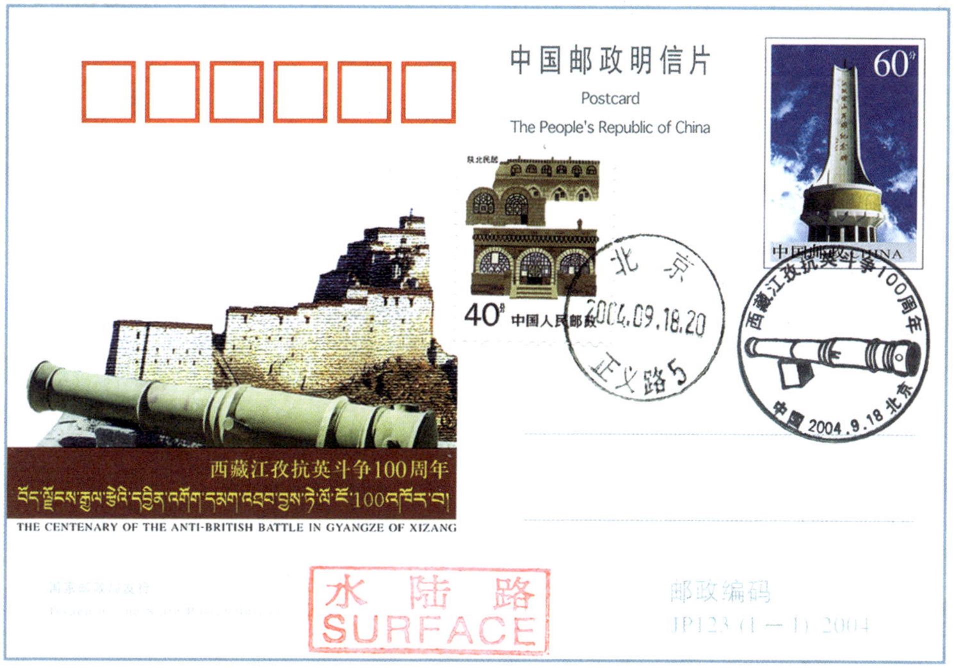

《西藏江孜抗英斗争一百周年》邮资明信片

J178《中国共产党成立七十周年》

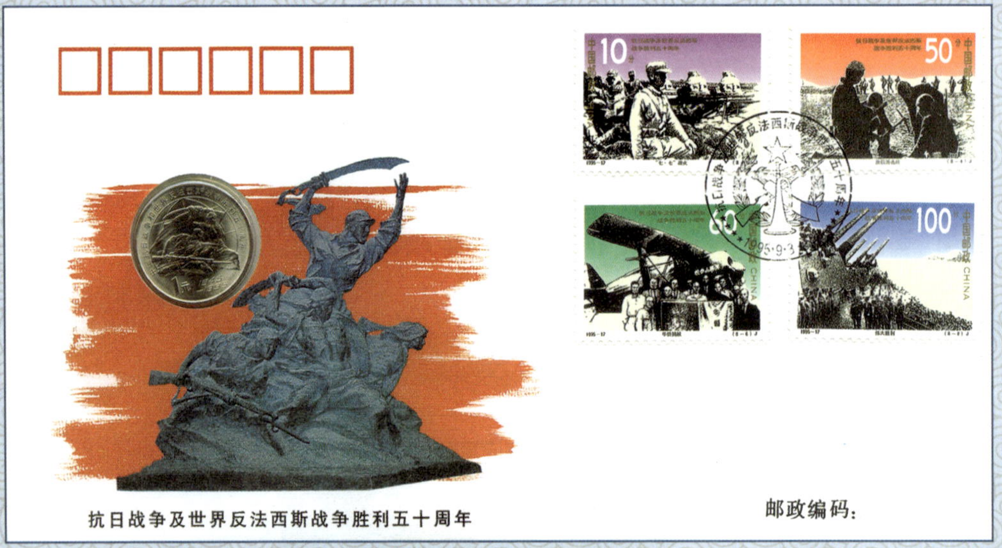

1995《抗日战争及反法西斯战争胜利五十周年》纪念封

1999《二十世纪回顾》纪念封

① | ② | ③

1. 开天辟地——中国共产党诞生

2.各族同胞同仇敌忾、共赴国难，取得抗日战争的伟大胜利

3. 毛泽东、邓小平等历代领导集体带领人民建设新中国

1947年5月，内蒙古自治区成立

2007-11《内蒙古自治区成立六十周年》

民族自治

MINZU ZIZHI

新中国实行少数民族区域自治制度，先后在内蒙古、新疆、广西、宁夏、西藏成立少数民族自治区，实行民族自治，促进团结和谐。

1955年10月，新疆维吾尔自治区成立

2005-21《新疆维吾尔自治区成立五十周年》

1965年9月，西藏自治区成立

2005-27《西藏自治区成立四十周年》

1958年10月，宁夏回族自治区成立

2008-24《宁夏回族自治区成立50周年》

1958年3月，广西壮族自治区成立

2008-26《广西壮族自治区成立50周年》

2009《喜迎祖国六十华诞》邮资明信片

公民自由权利

GONGMIN ZIYOU QUANLI

社会主义的自由是最广泛、最全面的自由，我国宪法规定了公民享有言论、出版、宗教信仰自由等诸多权利。

纪29《中华人民共和国第一届全国人民代表大会》

个20 《婚禧》个性化服务专用邮票

纪70《中华人民共和国成立十周年》

1992-12《妈祖》

特49《中国民间舞蹈(第一组)》

特75《服务行业中的妇女》

①	②	③
④	⑤	⑥

1. 公民有选举权和被选举权
2. 婚姻自由
3. 集会结社自由
4. 民俗习俗自由
5. 恋爱自由
6. 择业自由

出版自由

《中国期刊交易博览会》邮资明信片

宗教信仰自由

《世界佛教论坛》邮资明信片

自由之基

ZIYOU ZHI JI

自由是人人向往的，但享有自由须有经济基础；解放和发展社会生产力，才能为自由的实现提供物质条件。

改革开放，成就斐然

2013-18《中国—东盟博览会》

2008-28《改革开放三十周年》

J105《中华人民共和国成立三十五周年》

2013-29《杂交水稻》

大胆探索，发展经济

平等之尊
PINGDENG ZHI ZUN

平等是现代社会的基本特征，是衡量人类文明进步的重要标志。平等既包括政治平等、经济平等、社会平等等不同层面，也包括权利平等、机会平等、身份平等、资源平等等不同内容。

权利平等
QUAN LI PING DENG

在现代法治社会，平等首先意味着政治、法律层面上的权利平等，在法律面前人人平等。

纪23《中国工会第七次全国代表大会》

纪29《中华人民共和国第一届全国人民代表大会》

2013-4《中华人民共和国第十二届全国人民代表大会》

①②③
1. 国家的一切权力归人民，人民当家作主
2. 人民代表大会是人民行使国家权利的机关
3. 工人阶级是领导阶级

宪法是根本大法，是平等之源

《中华人民共和国宪法(1982-1992)》首日封

物质基础

WUZHI JICHU

新中国成立后，实现了生产资料公有制；生产力的发展为公民的政治平等奠定了物质基础。

共产党发动农民进行土改

特2《土地改革》

拓荒者的足迹

2014-24《新疆生产建设兵团成立六十周年》

农村生产责任制极大提高劳动生产力

2009-25《中华人民共和国成立60周年》

“十分珍惜、合理利用土地和切实保护耕地”是一项基本国策

《珍稀土地》首日封

农民成为土地的主人

2009《喜迎祖国六十华诞》邮资明信片

城乡平等

CHENGXIANG PINGDENG

城市反哺农村，缩小城乡差距，完善公共机制，城乡人人享有卫生保健，城乡处处共助共荣。

工业农业协调发展，城市乡村共同繁荣

普18《工农业生产建设》

J98《中国工会第十次全国代表大会》

普18《工农业生产建设》

城乡居民共同纳入社会保险体系

2012-15《城乡居民社会养老保险制度全覆盖》

重视疾病防治，人人享有卫生保健的权力

《世界卫生组织成立四十周年》邮资封

取消农业税，减轻农民负担

2009《喜迎祖国六十华诞》邮资明信片

区域平等

QUYU PINGDENG

协调东、中、西部区域共同发展，缩小东西部差距，让发展的成果人人共享，让各区域人民共同发展，共同进步。

科技增强国力

J25《全国科学大会》

向“四化”进军

J37《纪念“五·四”运动六十周年》

“天路”为青藏地区经济社会发展注入强劲动力

2001-28M《青藏铁路开工》

西部大开发，中国大发展

2009《喜迎祖国六十华诞》邮资明信片

《世界经济发展宣言(珠海宣言)》邮资明信片

民族平等

MINZU PINGDENG

各民族不受人口、经济、风俗、宗教影响，均享有平等的政治、经济权利，履行平等的义务和责任。

各族人民共聚一堂，欢庆美好生活

J5《中国人民共和国第四届全国人民代表大会》

2011-13《西藏和平解放六十周年》

和衷共济建设新延边

2012-24《延边风情》

民族体育运动蓬勃发展

J6《中华人民共和国第三届运动会》

少数民族传统体育运动会宗旨：平等、团结、进步、繁荣、青春

《第四届全国少数民族传统体育运动会》邮资封

《第六届全国少数民族传统体育运动会》邮资明信片

人人平等

RENREN PINGDENG

身体残疾是不幸的，但社会是温暖的。全社会共同关注残疾人事业，改善他们平等参与社会生活的物质条件和精神环境，实现残疾人“平等·参与·共享”的目标。

1994-11《第六届远东及南太平洋地区残疾人运动会》

《中华人民共和国第六届残疾人运动会》邮资明信片

友谊、和平、生命之树常青

2010-21《广州2010年亚洲残疾人运动会》

残疾人群体自强不息，感动社会，震撼人心

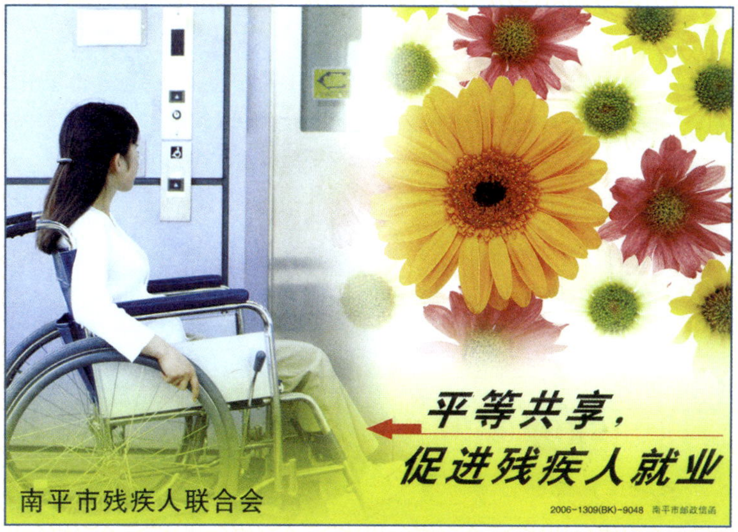

《南平市残疾人联合会》邮资明信片

《第二次全国残疾人抽样调查》邮资明信片

维护残疾人的尊严、权利和幸福

J72《国际残疾人年》

教育平等

JIAOYU PINGDENG

国家颁布了义务教育法等法律法规确保教育平等，也通过援建希望小学、改善农村地区办学条件，让失学儿童重返校园，享受平等教育的权益。

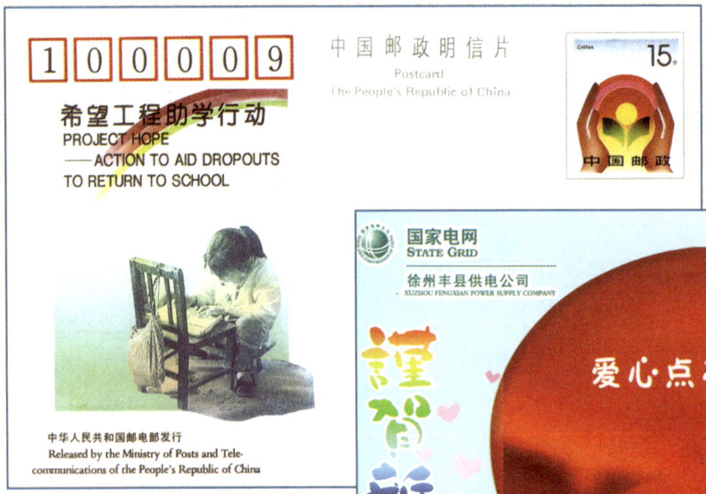

《希望工程助学行动》明信片

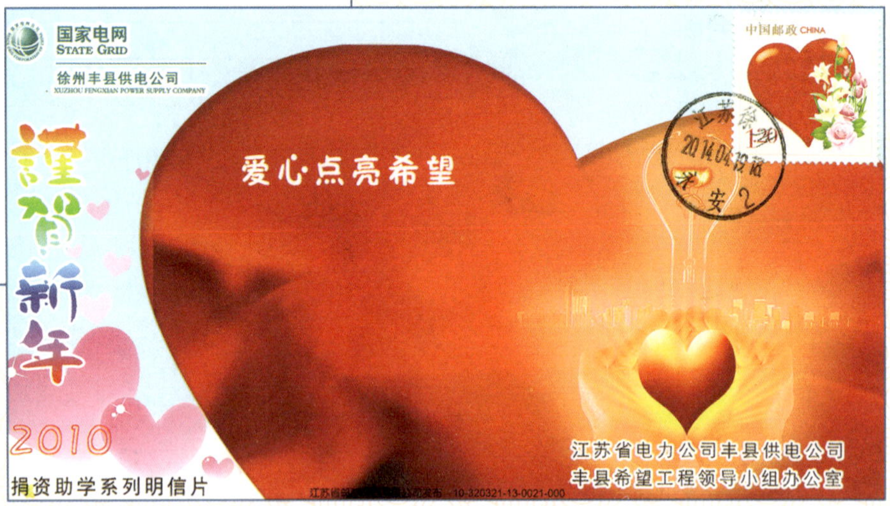

爱心，为贫寒学子撑起一片蓝天

《捐资助学》贺年有奖明信片

希望工程改变失学儿童的命运

1999-15《希望工程实施十周年》

《捐资助学》贺年有奖明信片

公正之略
GONGZHENG ZHI LVE

公正是衡量一个社会的制度安排是否正当合理的重要标准，是人类社会进步的标尺，是社会主义制度的本质要求。公正的核心是分配公正，就是要对权利和义务进行合理分配，依据合理的尺度来分配权利和自由、权力和机会、收入和财富等社会资源。

公正之路
GONGZHENG ZHI LU

从古代农民起义到近代辛亥革命，直至我党的“为公为民”，华夏儿女一直奔走在追求公正的路上。

除暴秦 求公正

《陈胜、吴广农民起义二千二百年》纪念封

纪90《辛亥革命五十周年》

香港2011《辛亥革命一百周年》

大道之行 天下为公

立党为公 执政为民

《中国共产党成立九十周年》极限片

YOUPIAO TUSHUO WOMEN DE JIAZHIGUAN

制度保障

ZHIDU BAOZHANG

为确保公平公正，我国一方面加强人民代表大会制度建设，依法对行政机关、司法机关等的权力进行制约，确保国家机关按照人民的意愿和需要运转；另一方面坚持政治协商制度。充分发挥政协委员参政议政、民主监督的作用。

人民代表大会制度是我国的根本政治制度

2014-21《全国人民代表大会成立六十周年》

2012-26《中国共产党第十八次全国代表大会》

黄埔军校同学会是政协组成单位

2014-12《纪念黄埔军校建校九十周年》

政协的职能，是政治协商、民主监督、参政议政

2009-22《中国人民政治协商会议成立六十周年》

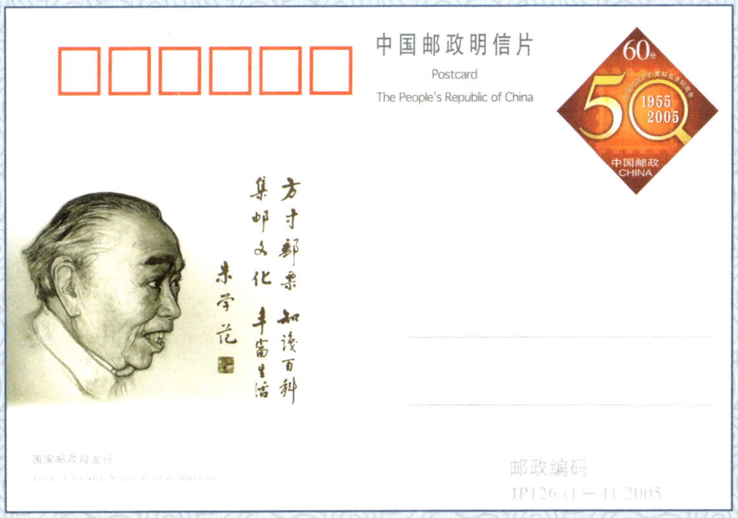

民革、民建、民盟、农工党等都是与共产党通力合作的参政党

中国国民党革命委员会第七届中主席、第八届名誉主席朱学范(邮资明信片)

税收保障

SHUISHOU BAOZHANG

公民依法纳税，让政府以税收、财政等手段调节社会贫富差距，以税收促发展，以发展促民生，最终达到共同富裕。

税收促进发展，发展改善民生

邮政贺年有奖明信片

《中国税务》邮资明信片

公正纳税　强国富民

个人所得税自行纳税申报挂号专用回函邮资封

消费监督

XIAOFEI JIANDU

《消费者权益保护法》等法律法规的颁布实施，为公民生活中的大事小事得以公正解决安上了法律保护锁。

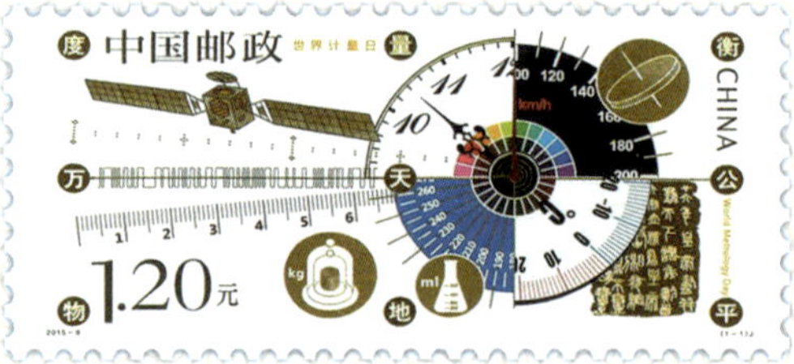

2015-9《世界计量日》

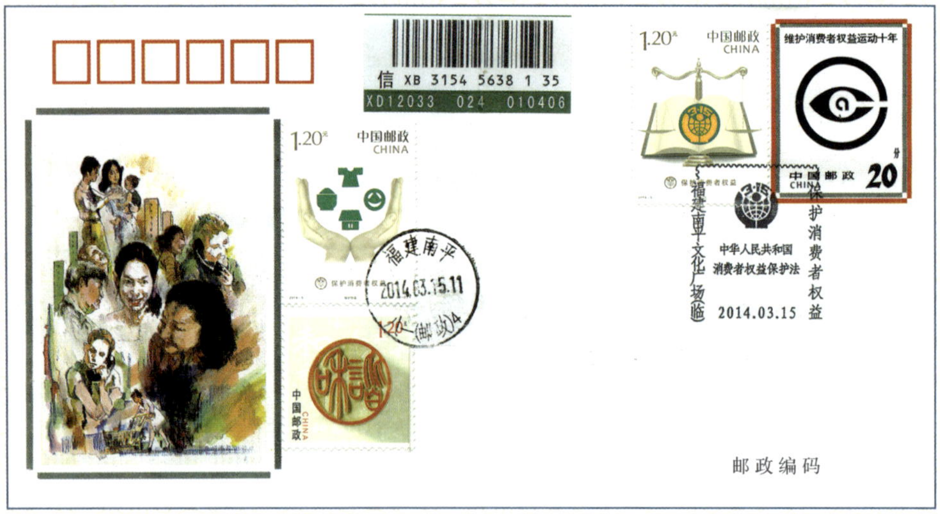

《维护消费者权益运动十年》纪念封

恩法崇德　明理笃行
海峡西岸经济区
海西
1.20元
中国邮政 CHINA
厦门市思明区人民法院
PEOPLE'S COURT OF SIMING DISTRICT,XIAMEN
地址：厦门市思明区湖滨南路334号
邮　政　编　码 361004

邮资封

80
消费与责任
Beijing 2008
中国移动通信
CHINA MOBILE
北京2008年奥运会合作伙伴
Partner of the Beijing 2008 Olympic Games
内含手机广场50元代金券
抚顺市消费者协会
地址：抚顺市顺城区临江东路35号
电话：7505808 12315
邮政编码 113006

邮　简

质量监督

ZHILIANG JIANDU

工程质量关乎国计民生，为促进公平公正公开，须加大审计力度，须拓宽监督广度，造万千高楼大厦以安民乐业。

公正审计，保民平安

2012-32《中国审计》

争创国优 质量为先

J66《质量月》

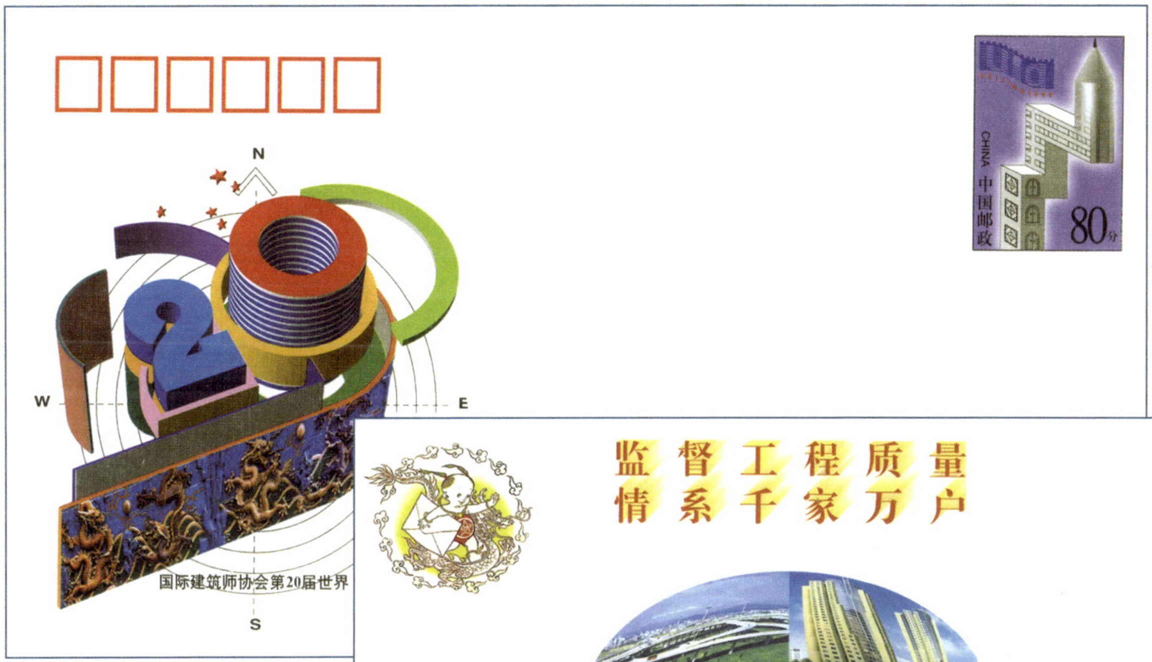

《国际建筑师协会》邮资封

工程建设，保质保量

《建设工程质量监督》有奖明信片

生活保障

SHENGHUO BAOZHANG

促温饱、暖人心的扶贫伟业促进了社会稳定、民族团结，保障了广大人民的基本物质生活，让全体人民共享改革红利。

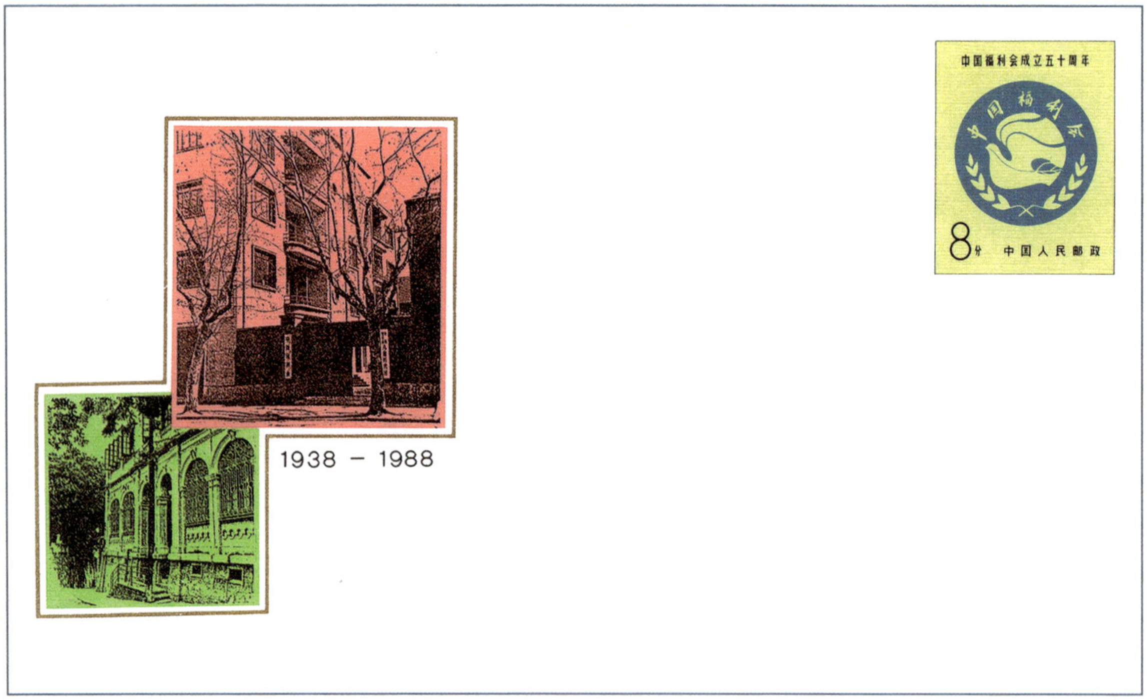

兴办社会公益项目和活动，关注扶贫开发、老龄化等重大社会问题

《中国福利会成立五十周年》邮资封

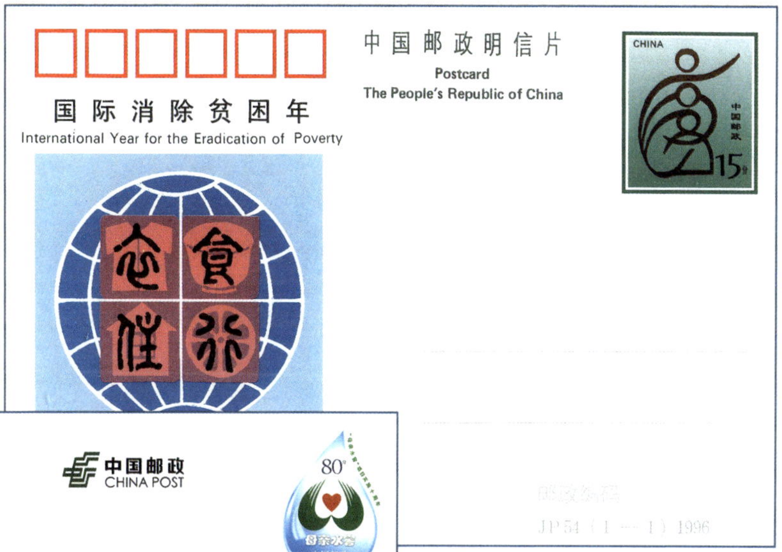

消除贫困，公平正义

《国际消除贫困年》邮资明信片

《母亲水窖项目实施十周年》邮资明信片

法治之策
FAZHI ZHI CE

法治就是将法律作为治理国家和社会的最高准则，任何人和机构都不得凌驾于法律之上；法治是我们党治国理政的基本方式，坚持科学立法、严格执法、公正司法、全民守法，不断建设社会主义法治国家，是推进国家治理体系和治理能力现代化的必由之路。

科学立法
KEXUE LIFA

依法治国的根本保证是坚持党的领导，首要前提是有法可依、科学立法，必须坚持立法先行，发挥法的引领和推动作用。

J86《中国共产党第十二次全国代表大会》

J5《中国人民共和国第四届全国人民代表大会》

2012-31《现行宪法公布施行三十周年》

①|②|③

1. 中国共产党领导立法是社会主义法治的最根本保证
2. 人民代表大会表决通过《宪法》
3. 宪法是国家的根本大法

2015-16《包公》

包青天形象家喻户晓

2015-16M《包公》

法德并济

FADE BINGJI

依法治国必须坚持严格执法、全民守法，将法治与德治相结合，实行综合治理，加强教育引导，切实维护社会治安，保障人民幸福。

《江西省见义勇为基金会》邮资明信片

《北京市司法局》邮资明信片

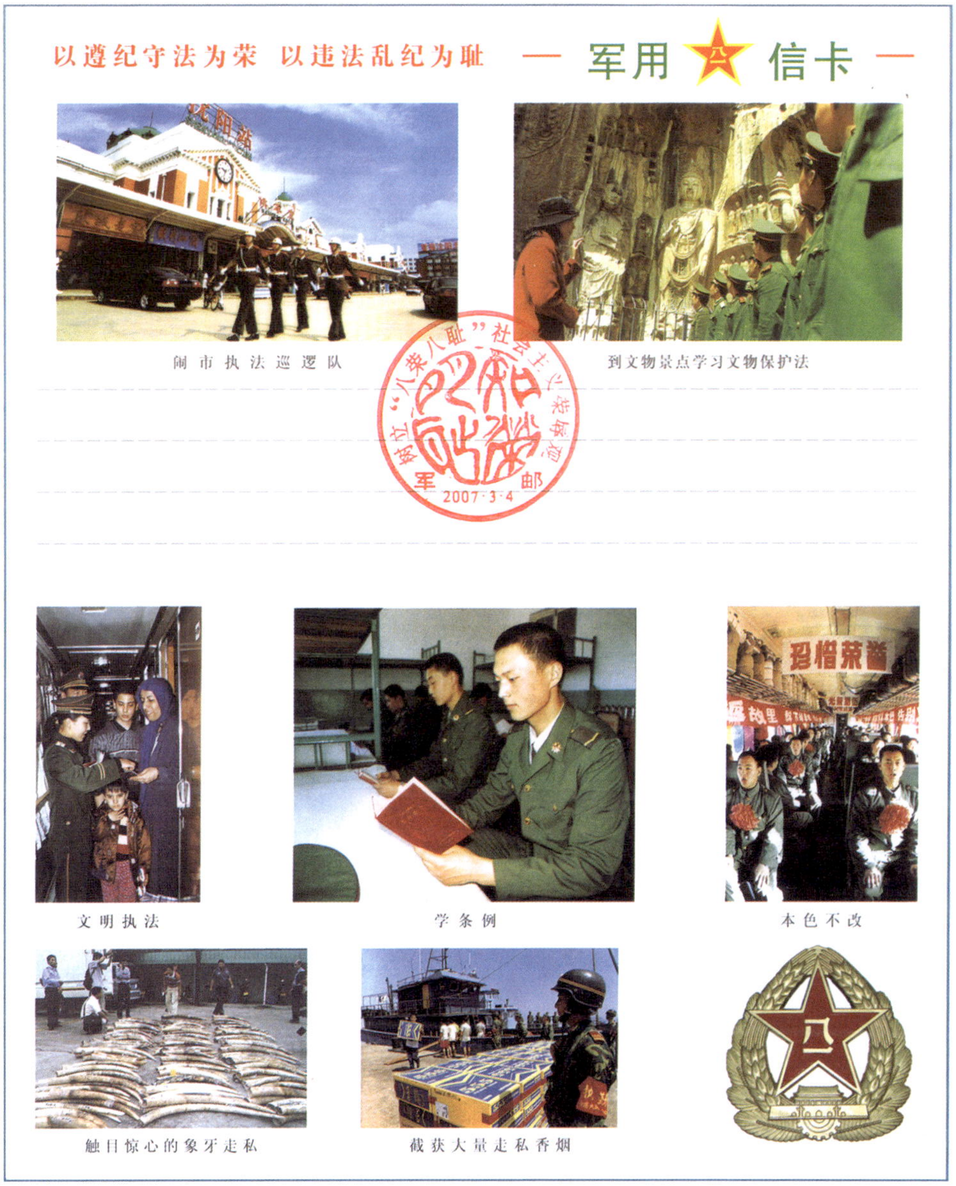
以遵纪守法为荣 以违法乱纪为耻
— 军用 信卡 —
闹市执法巡逻队
到文物景点学习文物保护法
树立"八荣八耻"社会主义荣辱观
军邮
2007·3·4
文明执法
学条例
本色不改
触目惊心的象牙走私
截获大量走私香烟

《军用信卡》

出入平安

CHURU PINGAN

出行安全关系千万民众，安全出行，不只是个人的平安，更是社会的安宁。

遵章守法，安全出行

1998-4《中国人民警察》

《五进宣传》邮资明信片

J65《全国安全月》

珍惜生命，出入平安

《遵守道路交通安全法》邮资明信片

环境保护

HUANJING BAOHU

以法律为武器，共同守护我们的家园，让我们永远生活在青山、碧水、蓝天中。

2015-11《环境日》

2011-19《自行车运动》

低碳出行，绿色永驻

T127《环境保护》

节约能源，活力地球

《全球环境基金会第二届成员国大会》邮资明信片

保护人类赖以生存的环境

《世界环境日》邮资明信片

文化保护
WENHUA BAOHU

我国优秀的文化遗产是民族智慧的结晶，也是全人类文明的瑰宝，传承民族文化，保护文化遗产，依法治理，科学发展。

保护非物质文化遗产，弘扬优秀传统文化

1993-1《癸酉年-鸡》

《第二届中国非物质文化遗产博览会》邮资明信片

秦陵兵马俑

T88《秦始皇陵兵马俑》

中国石刻艺术宝库——龙门石窟

1993-13M《龙门石窟》

动物保护
DONGWU BAOHU

多措并举保护野生动物，防控重点区域，划定自然保护区，加大保护力度，促进人和自然、人和动物的和谐共处。

武夷山挂墩，世界公认的生物模式标本产地

1994-13《武夷山》

卧龙自然保护区

《熊猫》邮资图

梅花山，华南虎的理想栖息地

2004-19《华南虎》

国家一级保护动物

2000-3《国家重点保护野生动物(I级)》

2005-15《向海自然保护区》

爱护动物，保护共有家园

T110M《白鹤》

特48《丹顶鹤》

湿地——百鸟天堂

《隆宝滩黑颈鹤保护区》

2015-15《中国梦-人民幸福》

(4-1)T 安居乐业

(4-2)T 社会保障

(4-3)T 社会和谐

(4-4)T 美好生活

04

规矩——公民层面的价值准则

GUIJU—GONGMIN CENGMIAN DE JIAZHI ZHUNZE

倡导爱国、敬业、诚信、友善，是从公民个人层面来揭示社会主义核心价值观的价值准则。

古往今来，家国本为一体，国之治则先在家齐，家之齐则先在身修，故修身、齐家、治国一脉相承也。何以修身？以爱国、敬业、诚信、友善也。爱国以明大义识大体，敬业以谋生存图霸业，诚信以通于内行于外，友善以得高朋行天下。

爱国者，可以立志也。古有顾炎武“天下兴亡，匹夫有责”之豪言，今有周恩来“为中华之崛起而读书”之壮语，故人不可不立志，立志当立爱国志。

敬业者，可以成事也。事不在难易亦不在大小，唯在一敬字，万事皆在干一行爱一行、爱一行精一行、精一行成一行，故人不可不成事，成事当以敬业先。

诚信者，可以立身也。以诚行于天下，则叱咤风云、无往不利，人莫不亲之近之。由此可知，“欲修其身者，先正其心；欲正其心者，先诚其意”。故人不可不立身，立身当以立诚始。

友善者，可以得人也。“思诚为修身之本，而明善又为思诚之本”。凡成事兴业必以他人之力合而图之，一个篱笆三个桩，一个好汉三个帮。故人不可不得人，得人则以友善耳。

爱国、敬业、诚信、友善四位一体，集中体现了中华民族传统美德和社会主义公共道德、职业道德的精华，是具有普遍适用性的价值观。

爱我中华
AIWO ZHONGHUA

有国才有家。爱国是人们对祖国的深厚情感，是公民最基本的道德准则，是中华民族精神的核心。只有以振兴中华为己任，促进民族团结、维护祖国统一、自觉报效祖国，国家才能富强，个人才有自由与幸福。

建国伟业
JIANGUO WEIYE

1949年10月1日，中华人民共和国诞生。每年国庆，海内外中华儿女都会以多彩的形式来表达对祖国的祝福与热爱。

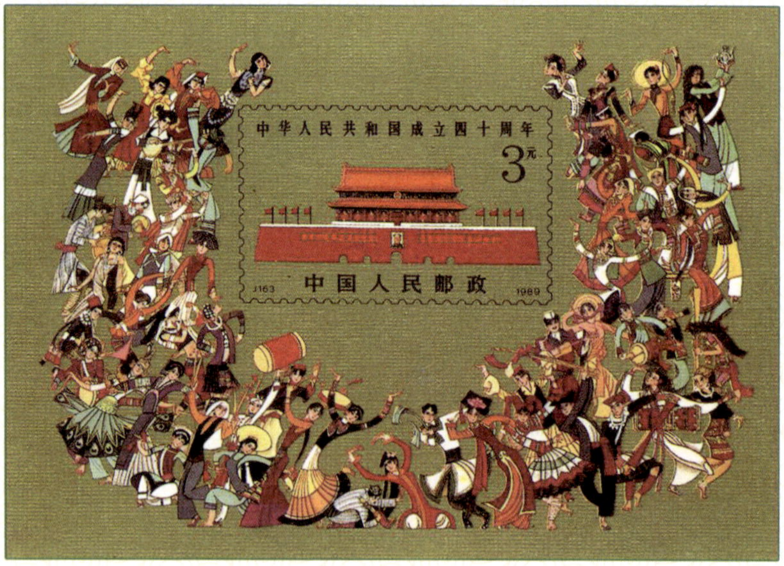

56种语言，汇成一句话——爱我中华

J163M《中华人民共和国成立四十周年》

10月1日，举国上下都收到来自天安门的祝福

《来自天安门的问候》邮资明信片

爱国旗帜

AIGUO QIZHI

忠诚国家、热爱祖国是深入中华民族骨髓的传统，高扬爱国旗帜，将家国放在心头。

纪90《辛亥革命五十周年》

国之危亡，匹夫有责

J158《"五四"运动七十周年》

激流勇进，义无反顾

2002-21M《黄河壶口瀑布》

没有共产党就没有新中国

《中国共产党第十八次全国代表大会》纪念封

保家卫国

BAOJIA WEIGUO

祖国领土神圣不可侵犯，回首百年风云岁月，无数优秀的中华儿女抛头颅、洒热血，前赴后继、保家卫国。

纪19《中国人民志愿军出国作战二周年纪念》

铭记那些最可爱的人

纪57《中国人民志愿军凯旋归国纪念》

时刻警惕，歼灭来犯之敌

编号邮票7《严惩入侵之敌》

《中国人民志愿军出国作战六十周年纪念》邮资明信片

保钓行动

《保卫钓鱼岛》纪念封

J20《中国人民解放军建军五十周年》

特64《人民公社女社员》

军民共守海疆边防，保卫神圣领土

文18《用毛泽东思想武装起来的中国人民是不可战胜的》

英烈长存

YINGLIE CHANGCUN

在祖国危难之际，无数革命先驱前仆后继，共赴国难，挽狂澜于既倒，扶大厦之将倾，体现了中华儿女的铮铮铁骨。

朱德元帅

J134《朱德同志诞生一百周年》

彭德怀元帅

J155《彭德怀同志诞生九十周年》

贺龙元帅

J126《贺龙同志诞生九十周年》

徐向前大将

J184《徐向前同志诞生九十周年》

爱国将领杨虎城

《杨虎城诞生一百周年》极限片

铁血将军杨靖宇　　无产阶级军事家左权　　共产党人好榜样彭雪枫

2005-26《人民军队早期将领(二)》

传奇英雄赵尚志

狼牙山五壮士

抗日名将张自忠

《抗日英烈(一)》邮资明信片

叶挺将军

《叶挺同志诞生一百周年》纪念封

张学良、杨虎城发动西安事变，救亡图存

《西安事变六十周年》邮资明信片

生的伟大，死的光荣

J12《纪念刘胡兰烈士英勇就义三十周年》

人民英雄，永垂不朽

《缅怀烈士功绩，弘扬烈士精神》邮资明信片

民主人士
MINZHU RENSHI

爱国不分阶级，报国不问出身。当八方有难、民族危亡之时，爱国民主人士抛却个人利益，将民族大义与家国大业放在肩头，以爱国雄心铸中华长城。

中国妇女最杰出代表——宋庆龄

J82《中华人民共和国名誉主席宋庆龄同志逝世一周年》

华侨旗帜——陈嘉庚

J106《陈嘉庚诞辰一百一十周年》

民族气节凛然的京剧大师——梅兰芳

纪94《梅兰芳舞台艺术》

爱国民主人士

《爱国民主人士》纪念封

民主革命的先行者宋教仁

《辛亥革命时期著名人物—宋教仁》极限片

爱国传统
AIGUO CHUANTONG

中华民族有着优良的爱国传统，爱国故事与情怀更是代代传颂。古往今来，众多仁人志士，将上效国家、下奉双亲作为自己的人生准则。

国破家亡，诗人投江

纪25《世界文化名人》

岳母刺字，精忠报国

2003-7《中国古代名将——岳飞》

戚继光抗倭

2008-17《古代名将——戚继光》

郑成功收复台湾

《郑成功收复台湾三百四十周年》纪念封

爱国主义教育

AIGUOZHUYI JIAOYU

深入开展群众性爱国主义教育活动，激发爱国热情、培育民族精神，担负起富强祖国的历史使命，时刻牢记：爱国者荣，祸国者耻。让爱国行动从我做起，从身边小事做起，以实际行动践行社会主义核心价值观。

《红色旅游》邮资明信片

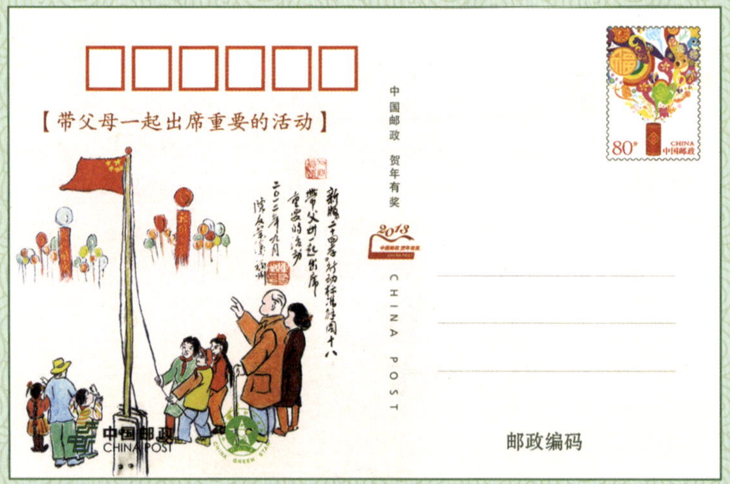

《新版二十四孝》贺年有奖明信片

团结各族青年，沿着党指引的方向奋勇前进

J32《中国共产主义青年团第十次全国代表大会》

保护母亲河行动
保护母亲河行动是1999年由团中央、全国绿化委员会、全国人大环境与资源保护委员会、全国政协人口资源环境委员会、环境保护部、水利部、农业部、国家林业局等八部委共同发起实施的一项群众性生态环保公益活动。13年来，广泛筹集资金，动员青少年和社会公众参与植树造林等活动，已逐步成为引导青少年增强生态环保意识、参与国家生态环境建设的重要载体。

生态环保，建设美丽中国

《保护母亲河行动》明信片

中国人民邮政
20分
T.48.(4-4)
植树造林 绿化祖国
1980

T48《植树造林，绿化祖国》

8分
中国人民邮政
特43.5—3
<207>1960
8分
中国人民邮政
特43.5—2
<206>1960

爱国卫生运动

特43《爱国卫生运动》

敬业为本

JINGYE WEIBEN

敬业，就是用一种严肃的态度对待自己的工作，勤勤恳恳、兢兢业业、忠于职守、尽职尽责工作的道德操守。它是一种积极向上的人生态度，是职业道德的核心内容。

古代典范

GUDAI DIANFAN

敬业自古以来就是中华民族的传统美德。三过家门而不入的大禹，誓将大山迁移的愚公，为蜀国鞠躬尽瘁的孔明等，古之能人留给后人的不只有谈资，更是勤勉敬业的精神榜样。

愚公移山

2010-9《成语典故(二)》

《千金方》治病救人

纪92《中国古代科学家(第二组)》

徐霞客游历山川，撰地理名著《徐霞客游记》

J36《明代地理学家、旅行家徐霞客诞生四百周年》

卧龙腾云出隆中，鞠躬尽瘁创大业

《诸葛亮》首日封

当代楷模
DANGDAI KAIMO

建国以来，百业待兴，劳动人民以“百折不挠、实事求是”的延安精神，及“自力更生、艰苦奋斗”的实干精神，构筑美丽的新中国。

特74《中国人民解放军》

J13《中国人民伟大的革命家、杰出的战士周恩来逝世一周年》

J96《刘少奇同志诞辰八十五周年》

1992-15《党的好干部—焦裕禄》

①	②	③
④		

1. 于细微处见精神
2. 周恩来与铁人王进喜亲切交谈
3. 刘少奇接见掏粪工人时传祥
4. 鞠躬尽瘁焦裕禄

《全国劳动模范和先进工作者表彰大会》邮资封

心底无私天地宽，业精于勤成楷模

《向雷锋同志学习》邮资明信片

工农新风尚

GONGNONG XINFENGSHANG

工人、农民是我国社会主义建设的主力军，各行各业都涌现出许多劳动之星，“劳动最光荣”的社会风尚飘扬在天地间。

钢花飞舞

T26《钢铁工业》

工人有力量

纪23《中国工会第七次全国代表大会》

纺织女工

特71《工业战线上的妇女》

绚丽多彩

特69《化学工业》

2013-29《杂交水稻》

《J3 中国人民共和国成立二十五周年(第二组)》

在希望的田野上

T34《水乡新貌》

行行出状元

HANGHANG CHU ZHUANGYUAN

三百六十行，行行都能出状元。劳动者在各自平凡的岗位上以勤勉与真诚实现人生的追求与价值，创造不平凡的时代。

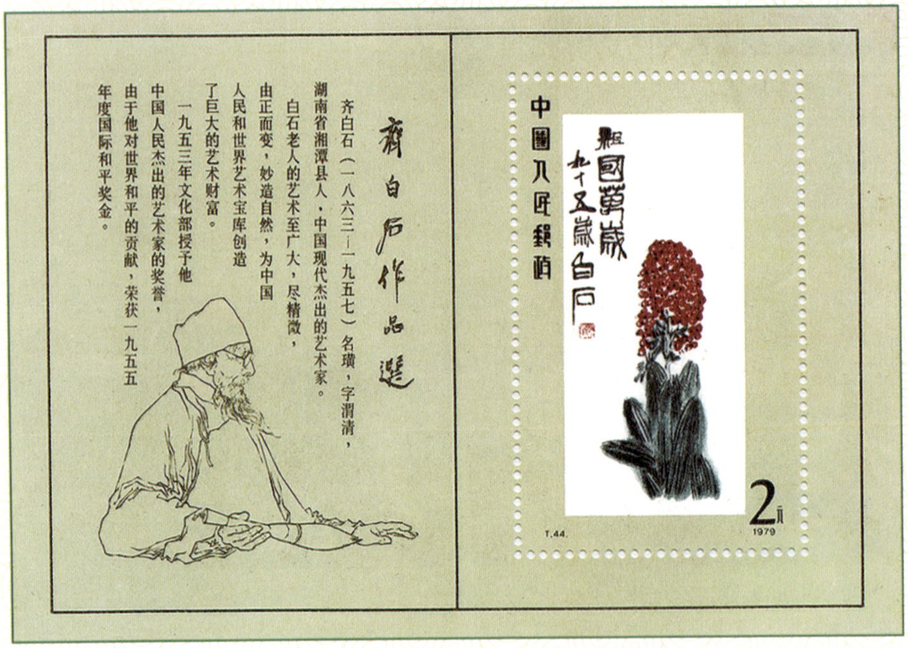
齊白石作品選
齐白石（一八六三—一九五七）名璜，字渭清，湖南省湘潭县人，中国现代杰出的艺术家。
白石老人的艺术至广大，尽精微，由正而变，妙造自然，为中国人民和世界艺术宝库创造了巨大的艺术财富。
一九五三年文化部授予他中国人民杰出的艺术家的奖誉，由于他对世界和平的贡献，荣获一九五五年度国际和平奖金。
中國人民郵政
2元
T.44.
1979

T44M《齐白石作品选》

中国人民邮政
8分
(65)
1973

编号邮票65《中国妇女》

中国人民邮政
8分
T.9.(4-1)
乡村女教师
1975

T9《乡村女教师》

行业楷模共绘多彩祖国

《记者节》邮资明信片

人生如赛场，拼搏见真章

《中国篮球之队》邮资明信片

科技精英
KEJI JINGYING

在国家建设中，凝聚了一批敬业精英，他们以聪明才智、高超技术，为国防科学技术现代化、为强国梦、航天梦奉献力量。

神舟飞船与天宫一号成功对接

2013-25《中国梦—国家富强》

行业精英为民族振兴、国家富强作出卓越贡献

2014-25《中国现代科学家(六)》

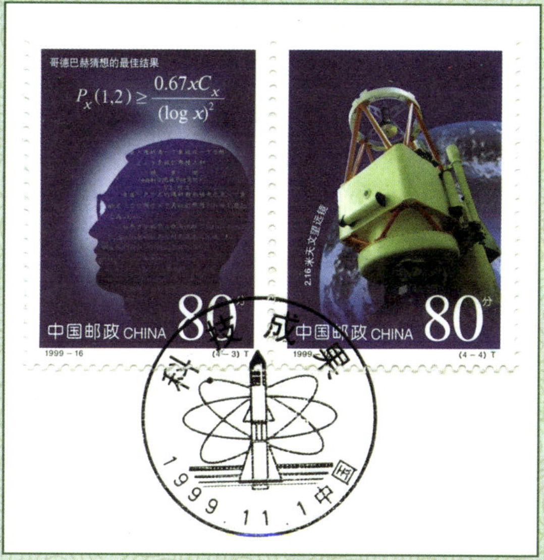

辛勤劳动结出丰硕的科技之果

1996-16《科技成果》

积极开展科学文化教育

T41M《从小爱科学》

无私奉献
WUSI FENGXIAN

在国家危难、百姓涉险的时刻，总会涌现出一批大公无私、甘于奉献、英勇无畏的最可爱的人，与国家、人民同舟共济、共度难关。

《金剑之光》邮资明信片

险情就是命令，危难之处伸援手

2007-21《中国人民解放军建军八十周年》

一方有难，八方支援

特7—2008《抗震救灾 众志成城》

特4-2003《万众一心 抗击"非典"》

军旅风采

JUNLV FENGCAI

宝剑锋从磨砺出，梅花香自苦寒来。军中敬业楷模比比皆是，军人的英勇韧性与劳动者的勤恳质朴相融合，在全军谱出一曲坚毅昂扬的赞歌。

驻港部队风采

香港2004《中国人民解放军驻香港部队》

“以辛勤劳动为荣”在全军蔚然成风

（军用信卡）

诚信之基
CHENGXIN ZHI JI

诚信的基本含义是守诺、践约、无欺，是说老实话、办老实事、做老实人。诚信是人类生活最普遍、最基本的道德规范之一，也是立人、立业、立国之本。

诚信传统
CHENGXIN CHUANTONG

中华民族崇尚一诺千金、思诚重信，古人将诚信作为待人处事的准则与人生信条，宝鼎被视作是诚信的象征。

牛首夔龙纹鼎
西周（公元前十一世纪——公元前七七一年）
一九七九年陕西淳化出土。炊器。器高一二二、口径八三厘米，重二二六公斤。这是已发现西周铜鼎中最大最重的一件。
8分
T.75（8-4）
1982

T75《西周青铜器》

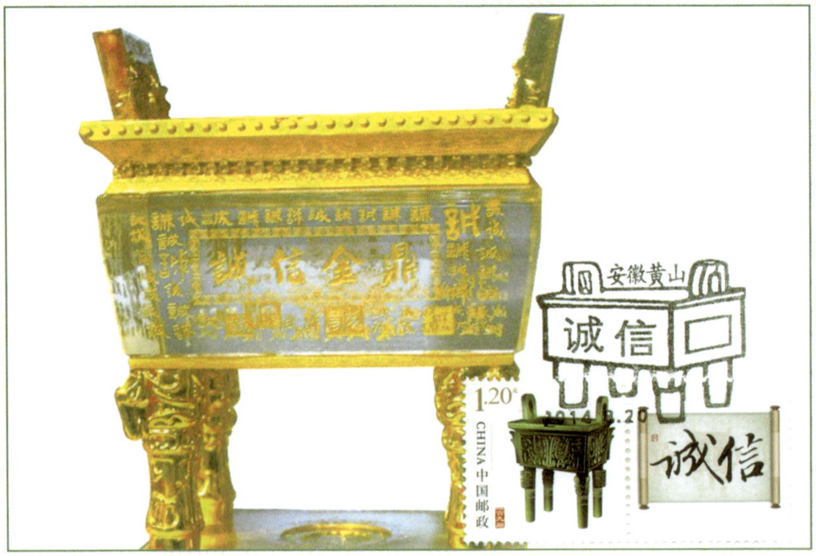
安徽黄山
诚信
1.20元
CHINA 中国邮政
诚信

《诚信宝鼎》极限片

一言九鼎，国之大器，信也

忠义仁勇之武圣——关羽

2011-23《关公》

至理名言

ZHILIMINGYAN

古今圣贤倾注大量笔墨论述诚信之道，语言精练、寓意深刻，耐人寻味，对现世有深刻的警醒及指导意义。

“轻诺必寡信”——老子

“不精不诚不能动人”——庄子

《古代思想家》首日封

“言必行，行必果”——孔子

《孔子诞生二千五百五十年》邮资封

“诚者，真实无妄之谓”——朱熹

2010-26《朱熹诞生八百八十周年》

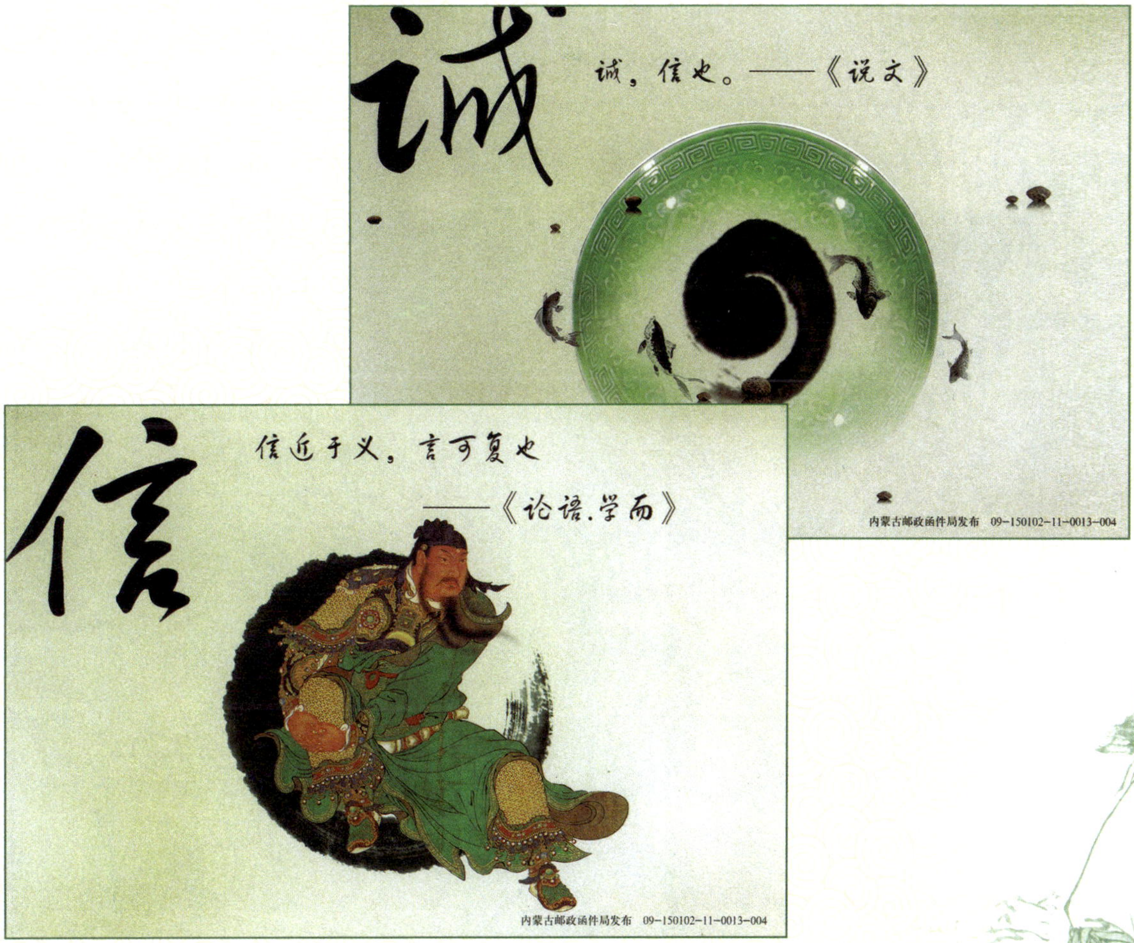
诚
诚，信也。——《说文》
内蒙古邮政函件局发布 09-150102-11-0013-004
信
信近于义，言可复也
——《论语.学而》
内蒙古邮政函件局发布 09-150102-11-0013-004

《诚信》邮资明信片

“实事求是”——毛泽东

1993-17M《毛泽东同志诞生一百周年》

“少说空话多做工作，扎扎实实埋头苦干”——邓小平

2004-17M《邓小平同志诞生一百周年》

作伪苦恼，老实快乐——周恩来

1998-5《周恩来同志诞生一百周年》

“诚信为人之本”——鲁迅

J11《纪念中国文化革命的主将鲁迅》

“学做真人，教人求真”——陶行知

J183《陶行知诞生一百周年》

中华老字号

ZHONGHUA LAOZIHAO

拥有世代传承的产品、技艺和服务的中华老字号，是中华民族传统文化的浓缩与结晶，以诚信为经营之道，具有高度的社会认同。

2012-27《招商局》

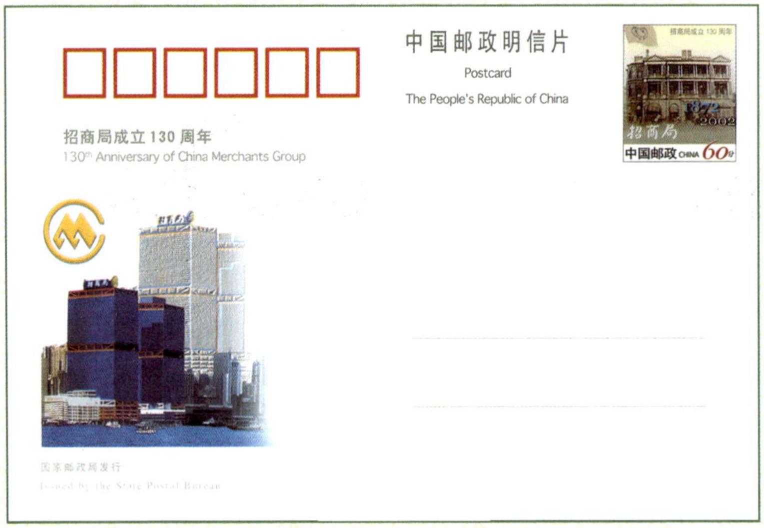

《招商局成立一百三十周年》邮资明信片

我国的招商局是民族工商业的先驱，历史悠久、实力雄厚、誉满全球

荣宝斋木版水印技艺名扬天下

《荣宝斋建店一百周年》邮资封

中药老字号——同仁堂、胡庆余堂、雷允上、陈李济

2010-28《中医药堂》

诚信系万家

CHENGXIN XI WANJIA

以诚为经，以信为纬，在全社会铺设诚实守信的和谐网络，让诚信成为全民意识，让诚信惠及九州。

2012-2《中国银行》

参加储蓄，利国利民

特17《储蓄》

传邮千里，信达天下

J85M《中华全国集邮联合会第一次代表大会》

2012-15《城乡居民社会养老保险制度全覆盖》

社会保险，解除后顾之忧

《中国太平洋人寿保险股份有限公司》邮资明信片

誠
【心事宜诚 才华宜蕴】
君子之心事，天青日白，不可使人不知；
君子之才华，玉蕴珠藏，不可使人易知。
乾坤朗朗，如君子之襟怀坦荡，达信世人，开诚
天下之心，并以此为做人做事的原则，严苛要求，
以肩负使命，兢兢业业。
重庆邮政广告公司发布 12-500243-13-0118-002

《传蔵言》邮资明信片

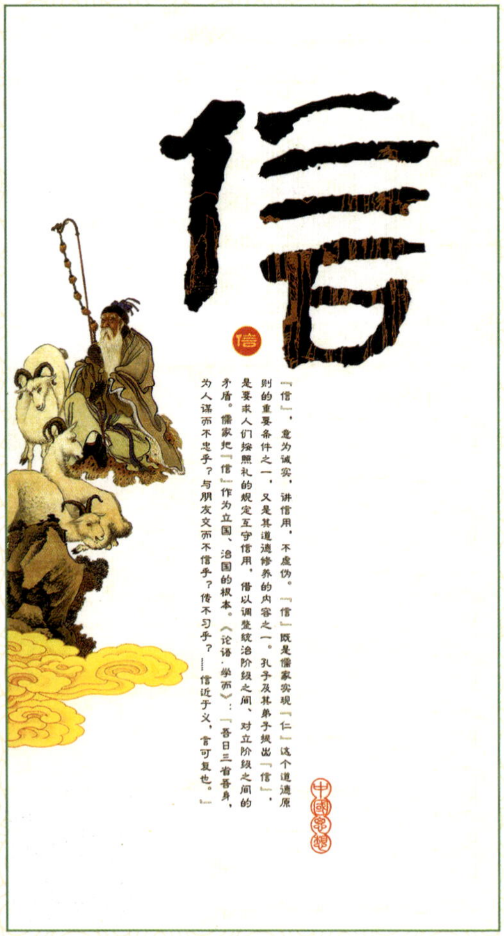
信
『信』，意为诚实，讲信用，不虚伪。『信』既是儒家实现『仁』这个道德原则的重要条件之一，又是其道德修养的内容之一。孔子及其弟子提出『信』，是要求人们按照礼的规定互守信用，借以调整统治阶级之间、对立阶级之间的矛盾。儒家把『信』作为立国、治国的根本。《论语·学而》：『吾日三省吾身，为人谋而不忠乎？与朋友交而不信乎？传不习乎？』……信近于义，言可复也。』

《中国思想》邮资明信片

以诚信为荣

YI CHENGXIN WEIRONG

诚信是每个公民应有的价值取向和行为准则，推动中华民族的思想道德建设，引领时代风尚，推动社会进步。

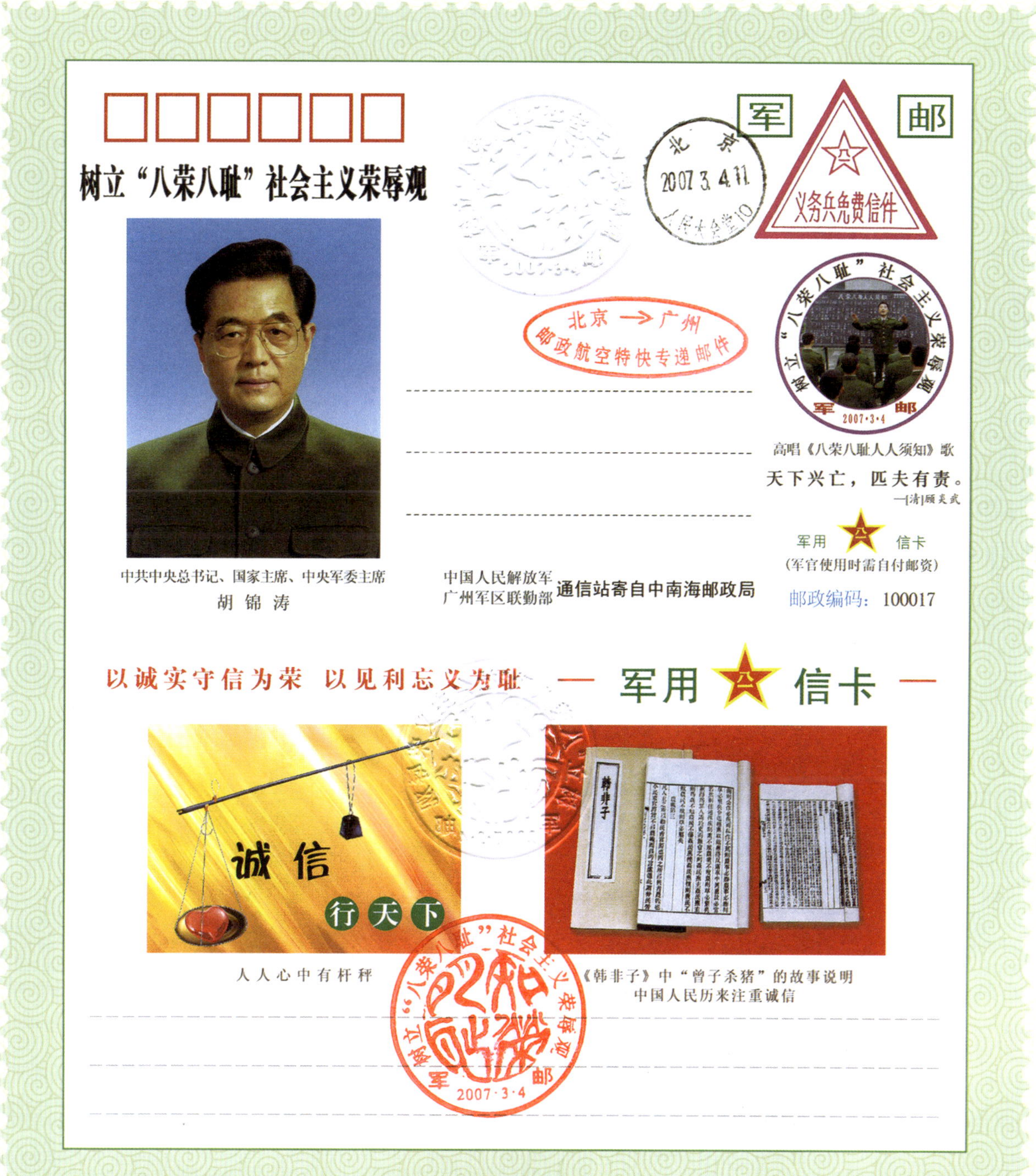

以诚实守信为荣，以见利忘义为耻

（军用信卡）

和善友好
HESHAN YOUHAO

友善就是与人为善。友善给人以关爱、温暖与力量，是处理人际关系的基本准则，是构建和谐人际关系的道德纽带，是维护健康良好社会秩序的伦理基础，一个充满友善的社会是真正美好的社会。

历史上的外交
LISHI SHANG DE WAIJIAO

我们中华民族拥有宽厚友善、包容开放的胸怀与气度，历史上就有张骞出使西域、昭君出塞和亲、鉴真东渡日本、郑和七下西洋等佳话，开展对外交往，促进中华文化的传播及融合。

出使西域

1992-11《敦煌壁画》极限片

J55《鉴真大师像回国巡展》

2002-5M《步辇图》

J113《郑和下西洋五百八十周年》

1994-10《昭君出塞》

①	②
③	④

1. 鉴真东渡日本
2. 松赞干布与文成公主联姻
3. 郑和七下西洋
4. 昭君出塞和亲

有朋远方来

YOU PENG YUANFANG LAI

古人主张“出入相友”“守望相助”“有朋自远方来，不亦乐乎？”，体现了中华民族好交朋友、诚恳待人的优良传统。

廉颇与蔺相如——将相和

2008-3《京剧净角》

梁祝从同窗谊到生死情

2003-20《民间传说——梁山伯与祝英台》

《聊斋志异》中田七郎舍身报友恩

2002-7《聊斋志异》(第二组)

高山流水觅知音的伯牙与子期

《琴棋书画》特种邮票纪念封

仁者爱人
RENZHE AIREN

我国传统文化中包含着丰富的仁爱友善思想，推崇”仁者爱人”，将其视为道德修养的理想境界，从而流传下许多仁爱友善的故事。

柳毅落难，公主传书相救

2004-14《民间传说——柳毅传书》

关公忠义仁勇，倍受敬仰

2011-23《关公》

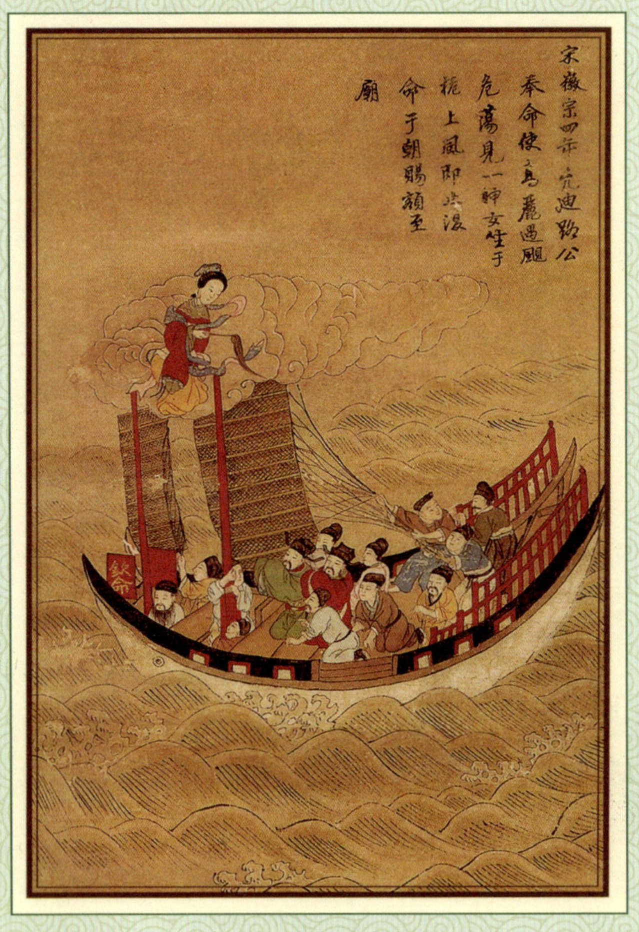

妈祖心存大爱护百姓

《民间传说-妈祖》邮资明信片

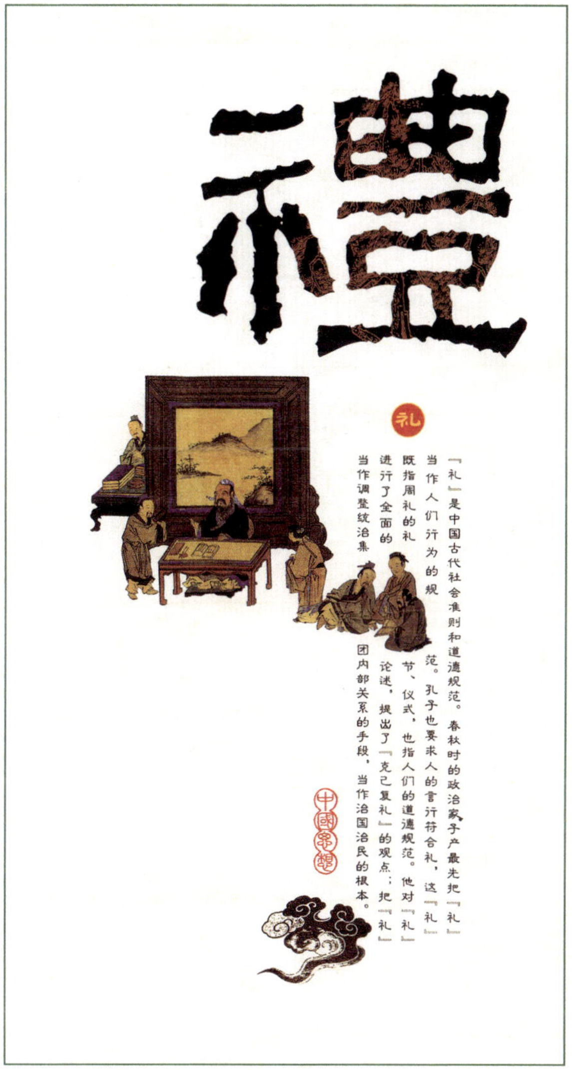
禮
礼
「礼」是中国古代社会准则和道德规范。春秋时的政治家子产最先把「礼」当作人们行为的规范。孔子也要求人的言行符合礼，这「礼」既指周礼的礼节、仪式，也指人们的道德规范。他对「礼」进行了全面的论述，提出了「克己复礼」的观点；把「礼」当作调整统治集团内部关系的手段，当作治国治民的根本。
中国思想

《中国思想》邮资明信片

中国邮政
1.20元
CHINA
中国邮政
CHINA
1.20元
2007-14

孔融让梨，尽显谦卑礼让

2007-14《孔融让梨》

中国人民邮政
医学科学家林巧稚
8分
J173 (4-1)
1990

仁爱大医林巧稚

J173《中国现代科学家》

门风家训

MENFENG JIAXUN

数千年华夏文明，友善的传统生生不息，原因之一便是良好的家风传承。

昔孟母，择邻处，子不学，断机杼

个26《爱》个性化服务专用邮票

李纨教子

T69《红楼梦—金陵十二钗》

三娘教子

2008-2《朱仙镇木版年画》

《朱子家训》——读书起家、循礼保家、和顺齐家、勤俭治家

《朱熹诞辰八百八十周年》纪念封

孝敬长辈

XIAOJING ZHANGBEI

“孝”是儒家伦理思想的核心，也是中华民族的传统美德之一。“百善孝为先”，在中国古代道德传统文化中，始终将“孝”摆在首位。

夫孝，德之本也，教之所生也

《孔子论孝》挂号封

鹿乳奉亲

《二十四孝》邮资明信片

百善孝为先

《孝道》邮资明信片

舜帝孝感动天

花木兰替父从军

庞氏孝奉婆婆

2014-23《中华孝道(一)》

2015-12《感恩父亲》

《感恩母亲》邮票极限片

感恩父母

《阖家团聚》拜年封

尊老敬老

ZUNLAO JINGLAO

敬老爱老是中华民族的优良传统，中国更被世人誉为“礼仪之邦”。

建立不分年龄、人人共享的社会

1992-12《国际老人年》

老有所乐

特35《人民公社》

老有所依

特75《服务行业中的妇女》

重阳敬老节

2003-18《重阳节》

文明有礼
念人
中华传承，尊老爱幼
华夏传统，你我共有
引领风尚·传播文明
【尊老爱幼】 中共福州市仓山区委
尊老爱幼是中华民族的传统美德，给孩子多一份关爱，送老人多一份祝福，有助于促进家庭和睦，社会和谐，也是现代中国人的基本修养。老吾老以及人之老，幼吾幼以及人之幼，让我们共同营造一个温馨的社会大家庭，为构建和谐社会尽一份力！
13-350103-13-2716-004 福州市邮政函件局发布

引领风尚，传播文明

《尊老爱幼》邮资明信片

1.20元
中国邮政
CHINA

美好祝福

2012-7《福禄寿喜》

关爱儿童
GUANAI ERTONG

儿童是国家的未来，民族的希望，关爱儿童，让他们健康、快乐、幸福地成长，一直是我们努力的目标。

1993-2《宋庆龄同志诞生一百周年》

发展儿童事业，关爱儿童成长

《宋庆龄基金会成立二十周年》邮资明信片

纪14《国际保卫儿童会议》

T92《儿童》

特72《少年儿童体育运动》

关心儿童的身心健康

《六一儿童节》邮资明信片

尊师重教
ZUNSHI ZHONGJIAO

尊师重教，是中华民族的传统美德。老师如园丁，用心培育满园桃李，为学生开启认知世界的大门。

2014-19《教师节》

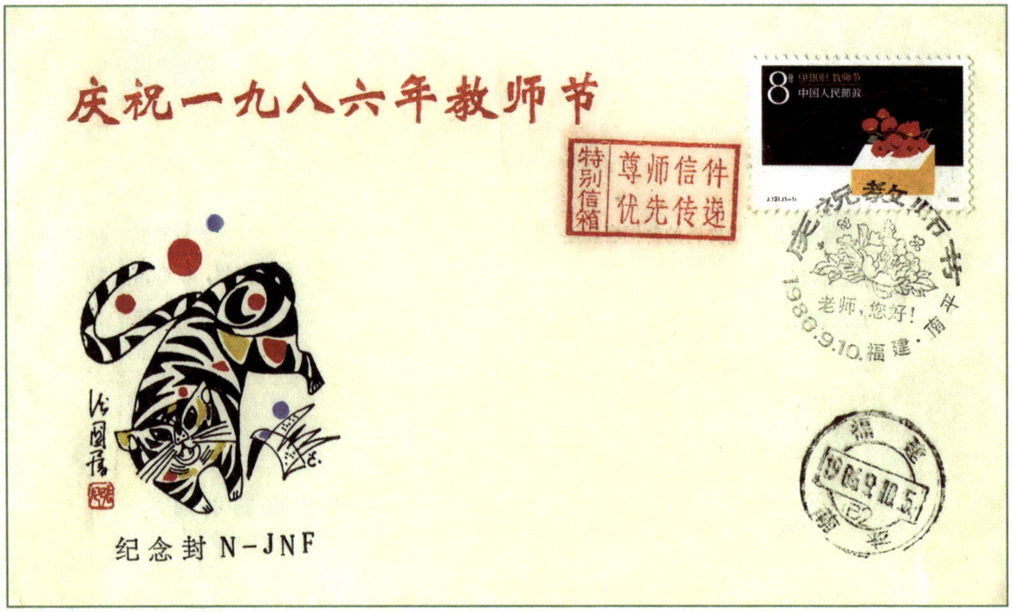

《教师节》纪念封

难忘师恩

助人为乐
ZHUREN WEILE

与人为善，助人为乐，历来是中华民族秉承的传统美德；扶贫济困、乐善好施，更是中国人一贯的善举。

为发展儿童事业募捐

《六一儿童节》邮资明信片

为残疾人募捐

T105《中国残疾人》

机智司马光，砸缸救伙伴

2004-11《司马光砸缸》

2013-3《毛泽东“向雷锋同志学习”题词发表五十周年》

雷锋精神，世代榜样

《“向雷锋同志学习”题词发表五十周年》纪念封

《中国社会福利有奖募捐首期发行》纪念封

筹集社会福利基金

《爱心包裹》邮资明信片

志愿者服务

ZHIYUANZHE FUWU

爱心志愿者帮助他人、服务社会，传递爱心、传播正能量，促进了社会的和谐与进步。

帮助他人、快乐自己

《北京2008奥运会志愿者服务》纪念封

J156《国际志愿人员日》

30分
中国邮政
CHINA
1996-12

1996-12《儿童生活》

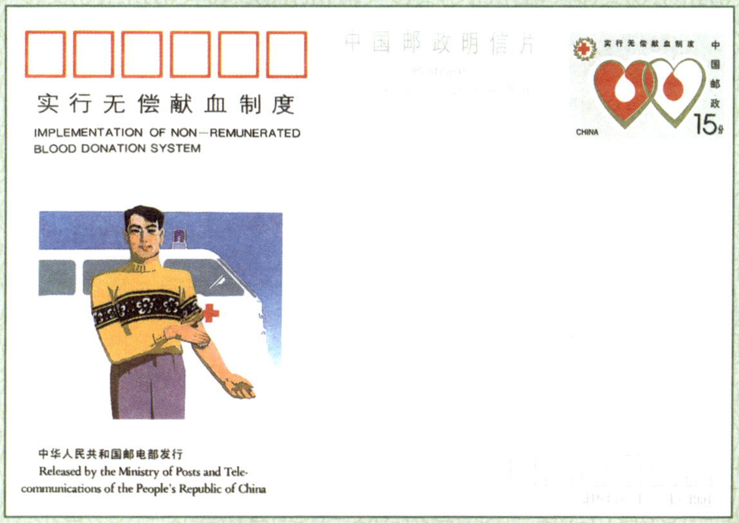
实行无偿献血制度
IMPLEMENTATION OF NON—REMUNERATED
BLOOD DONATION SYSTEM
中国邮政明信片
实行无偿献血制度
中国邮政
CHINA
15分
中华人民共和国邮电部发行
Released by the Ministry of Posts and Telecommunications of the People's Republic of China

《实行无偿献血制度》邮资明信片

引领风尚、传播文明的志愿者精神

文明有礼
仓山人
青年志愿者之家
引领风尚·传播文明
【志愿服务】
中共福州市仓山区委文明办宣
志愿服务的根本理念是学习雷锋，奉献他人，提升自己。开展“关爱他人、关爱社会、关爱自然”志愿服务活动，既是在帮助他人、服务社会，同时也是在传递爱心、传播文明。欢迎大家加入志愿者的大家庭，共同奉献爱心，促进社会进步。
13-350103-13-2716-007 福州市邮政函件局发布

《尊老爱幼》邮资明信片

心手相连

XINSHOU XIANGLIAN

天灾无情人有情，在大灾大难面前，全社会积极响应，捐款出力，共同抗灾，体现了“一方有难八方支援”的社会主义精神风貌。

特8-2013《齐心协力 抗震救灾》

1998-31《抗洪赈灾》

一片爱心系灾区

《四川汶川地震募捐》邮资明信片

心手相连、众志成城

《一方有难，八方支援》纪念封

见义勇为

JIANYI YONGWEI

为保护国家和人民的财产生命安全，不顾个人安危，义无反顾地同犯罪分子、自然灾害做斗争，这是善举、也是义举。

火海中保护集体财产

纪124《向32111英雄钻井队学习》

山洪里抢救国家物资

文19《革命青年的榜样》

刘英俊，有大义；拦马车，救儿童

纪123《毛主席的好战士——刘英俊》

民族
需要文明进步
扶正祛邪
【扶正祛邪】（中医学名词）用补益药扶助正气，驱除病邪。借喻主张正义，打击邪恶。
江西省见义勇为基金会（筹）
2003-1400(PG)-0018(6-3)
见义勇为

时代
需要与时俱进
舍己救人
【舍】放弃。如舍身为国，舍己救人。
舍己救人，指不惜牺牲自己去拯救别人。
江西省见义勇为基金会（筹）
2003-1400(PG)-0018(6-4)
见义勇为

《见义勇为》系列邮资明信片

后记/POSTSCRIPT

《邮票图说我们的价值观》一书终于杀青。图书从2014年上半年开始策划，到8月份确定编撰，至12月拿出初稿，这之间经历了漫长的创作与修改的过程。直至2015年上半年确定本书的“图说”性质，又经历了两次大的修改。

应该说，这本书的完成，与省委宣传部领导的关心支持和中国邮政集团福建分公司领导的关注分不开，张萍副部长、周贤胜总经理和黄志斌副总经理担任了本书编委会顾问。省集邮协会黄建计会长亲自挂帅，亲任编委会主任，并多次召集编写会议，提出许多指导性、针对性很强的编写意见，给本书的编写者以极大的鼓舞。在本书的编写期间，省委宣传部宣教处蔡忠副处长、中共福建省委党校哲学教研部李永杰教授对图书进行了审稿，省委宣传部还邀请了福建省读书援助协会对全书进行了全面审定，这些都为图书准确性、可读性、艺术性提供了重要的保证。

当然，这本书的顺利完成，借重于有一个强有力的编写班子，他们是来自本省各地的集邮专家，包括省级和国家级学术委员、邮展委员、宣传委员，他们的认真和敬业精神是本书完稿的保障。本书是按如下分工进行编撰的：宋晓文（总撰、总协调，前言、旗帜的主责编），林建国、陈卫东（标杆、绳墨、规矩分章责